CICIR 中国现代国际关系研究院中青年学者纵论

"摆脱战后体制"
日本安倍晋三政权的路线及实践

赖婧颖 ◎ 著

时事出版社
北京

前　言

"战后"是近现代日本史的特殊时期。以1945年战败投降为界，日本国家历史被划分为"战前"和"战后"两部分，在诸多方面表现出截然不同的面貌。基于对战前军国主义的反思，战后日本选择了"重经济、轻军备"的国家发展道路，不仅很快实现了战后重建，并且在20世纪60年代后实现了经济腾飞，跃升为世界经济大国，取得了通过战争未能取得的物质财富。然而，围绕如何看待战后历史，日本社会各阶层、团体的认识并不一致，随着时代的变迁、依据其身份立场的不同而呈现多种面貌，折射出光怪陆离的世间百态。在讴歌"繁荣与和平之战后"的主流之外，亦伏有一股孜孜谋变的"反战后"暗流，以"失败与受辱"的视角观战后现状。早在20世纪50年代，战后新统治秩序方兴未艾之际，就出现了与之相抗衡的政治潮流；70年代，大平政权推出"战后总决算"；80年代，中曾根政权大刀阔斧地开展"战后政治总决算"；90年代，政坛"常青树"小泽一郎提出要推进"普通国家化"等。也有数任政权从各自角度推进过相关的政治实践。作为他们的后继者，安倍政权举起了"摆脱战后体制"的旗帜，有计划、有步骤、多领域地向日本战后体制"发起进攻";挟"超长期政权"之威,全面清算日本战后体制,大大超越上述各时期的前人,堪称"反战后"的"集大成者"。而在"后安倍时代",日本政坛能否再现与之匹敌的长期政权或政治强人目前尤未可知。该情况使得安倍政权时期的"摆脱战后体制"在战后日本整体国家体制演变进程中的阶段性意义凸显,具有承上启下的作用。

笔者对于"摆脱战后体制"的关注,还源于对于国际关系百年未有之大变局之下日本国家治理总方略变化的觉察。现在距第二次世界大战结束已逾七十年,冷战结束已三十余年。国际格局处于深度调整中,建立在世界反法西斯战争胜利基础之上的国际秩序进入转型期。党的二十大报告作出了"百年未有之大变局加速演进"的重大判断。[①] 在此变局中,邻国日本也正在上演国家规模的变化,与前述世界性的动荡变革同频共振,联系紧密。其中,2012 年起步的第二次安倍政权,凭借优越的主客观条件成为战后日本首屈一指的超长期政权,其路线与实践对日本政治进程产生了重大而深远的影响。"安倍政治"带动了新一轮日本研究高潮。"摆脱战后体制"表面上仅是安倍在 2006 年首次执政时打出的政策口号,实则却是前后两次安倍政权大部分政策背后一以贯之的政治理念和真实的政治路线。这一路线的主旨在于令日本摆脱战后体制,改变(第二次世界大战)战败国形象,重新寻求日本在国际体系中的定位;不仅反映出以安倍政权为代表的日本保守势力对于时局与国家的理解,更直接传达出鲜明的时代转换和国家转型意图。"摆脱战后体制"集体系、国家、个人(重要政治家)关键性变化于一身,使之成为从"日本之变"的角

---

① 习近平:《高举中国特色社会主义伟大旗帜 为全面建设社会主义现代化国家而团结奋斗——在中国共产党第二十次全国代表大会上的报告》,党建读物出版社 2022 年版,第 2 页。

度考察"世界之变、时代之变、历史之变"① 时期的切入口。

研究安倍政权的"摆脱战后体制"路线及实践具有如下意义：

首先，从国际关系角度而言。随着摆脱战后体制进程的推进，战后国际秩序对日本的规制受到愈加猛烈的冲击。日本正在快速摆脱"经济动物"的固有形象，日益展现出作为主要国际政治行为体发挥作用的强烈意愿，积极发展相关能力手段，尤其对参与大国博弈表现出浓厚的兴趣，甚至在部分具备体系影响力的议题上"走上前台"，在有些时候"发挥主导作用"。② 这无疑是第二次世界大战结束以来日本在国际体系中，行为模式上发生的重大变化。由于日本这一行为模式的转变受到了现有霸权国家的鼓励乃至推动，令转变的阻力减少，对现有秩序的冲击增大，而加大了其成为时局走向影响因素的可能性。鉴于此，外界须细致考察日本上述转变的意义，据此调整对日本的预期，以免战略误判。研究安倍政权的"摆脱战后体制"路线及实践，实际正是从源头上对上述"日本之变"进行"抵近侦察"，以进一步理解变化的原因、方向、阻碍等。

其次，从日本研究的角度而言。无论就其规模，还是其影响而言，当前正在发生的"日本之变"都亟须从学术层面予以研究与反映。而"摆脱战后体制"既是"日本之变"的政策动因，也是研究"日本之变"的可行抓手。其本质上是由日本政治家安倍提出的，聚焦于战后体制问题的日本国家发展论及其实践。其主观部分是安倍围绕日本国家理想状态的认识论及如何达到这一状态的方

---

① Richard L. Armitage and Joseph S. Nye, "The U. S. – Japan Alliance in 2020 AN E-QUAL ALLIANCE WITH A GLOBAL AGENDA", https://armitageinternational.com/wp-content/uploads/2021/01/120720_ArmitageNye_USJapanAlliance_Report.pdf.

② 习近平：《高举中国特色社会主义伟大旗帜　为全面建设社会主义现代化国家而团结奋斗——在中国共产党第二十次全国代表大会上的报告》，党建读物出版社 2022 年版，第 45 页。

法论，其客观部分则主要是安倍政权旨在改造战后日本国家现状的实践活动。在战后日本政治史上，此类附带有相关实践的国家发展论通常被称为"政治路线"，并冠以路线代表性政治家之名，称为"××路线"，著名者如"吉田路线""岸路线"等。安倍提出其"摆脱战后体制"主张后，很快也被外界称为"摆脱战后体制"路线或"安倍路线"。[1] 政治路线的定位提示了"摆脱战后体制"在功能作用上与"吉田路线""岸路线"的类似性，亦即提示了"摆脱战后体制"作为"日本国家发展路径"的性质。除此之外，针对"摆脱战后体制"路线的研究还有助于与时俱进地澄清本领域一些常见术语，譬如"保守主流/旁流"，及时反映当前包括战后保守主流边缘化，保守旁流主流化等在内的日本政治现实，揭示日本保守主义的动向，进而反映日本社会的变迁。

最后，日本的"摆脱战后体制"进程与中日关系密切相关。尽管中国从来都是日本进行自我认识的重要参照物，但当下中国之于安倍政权"摆脱战后体制"路线的重要性更因中国身份的多重性而愈加凸显。作为日本对外侵略战争的受害国，中国从"防范军国主义复燃"的立场出发支持日本战后体制的"和平主义"原则，对日本安保体制改革和军力发展动向具有道义权利，更是日本围绕战争责任的历史认识问题的直接利益攸关方；作为第二次世界大战战胜国，中国是战后国际秩序的维护者，其国际地位和大国身份受到《联合国宪章》等一系列战后机制体制的确认；作为地缘大国，中日属同一地缘政治板块，彼此围绕地区内外的权力结构存在复杂的竞争合作关系；等等。总而言之，中日关系问题实则内嵌于日本"摆脱战后体制"进程之中。譬如，"摆脱战后体制"路线旨在解决所谓的"战败历史包袱"问题对照至中日关系领域，即

---

[1] 「『HANAの会』安倍路線継承　中川昭氏ら派閥横断勉強会」、『産経新聞』2007年12月5日。

「前言」

为两国间的第二次世界大战战后处理问题。简言之，日本在"摆脱战后体制"路线指引下的国家发展，直指中日关系的基础，关乎双边关系的未来。所谓中日关系的"1972年体制"问题或逐渐凸显，甚至将直接拷问中日关系的本质。因而，从构建健康稳定的中日关系出发，需要对安倍的"摆脱战后体制"路线及其实践进行研究。

迄今为止，国内外学界关于"安倍政治"的研究与安倍本人在日本政坛的起落息息相关，对其中"摆脱战后体制"部分的研究也不例外。因安倍首次出任日本首相时即提出"摆脱战后体制"，2006年前后相关研究在数量上达到一个小高潮。之后，由于安倍突然下台，并且后续政权无意继承其政治路线，外界的研究热情随之回落。有的研究甚至提出了"战后体制击败了安倍"的阶段性结论。① 但随着安倍二次上台且长期执政，"摆脱战后体制"重回主流学界视野，并一直延续至今。

经过两次研究高潮的涤荡，观察家们为认识安倍的"摆脱战后体制"提供了多样化的视角，相关探索亦不断深化。但因时间上的晚近性，系统性的"安倍政治"研究本身方兴未艾，对安倍"摆脱战后体制"的研究更是如此。此外，作为本研究的上级课题，针对日本"战后体制"的研究与讨论由来已久，积累了大量的素材，也不乏相关研究成果。此类研究有部分延伸至安倍执政时期，但同样受限于时间问题，其中的考察对象仍以第一次安倍政权为主。对于存续时间长度、实践内容丰富程度都远超首次政权的第二次安倍政权，现有研究仍稍显薄弱。部分见解以时政评论等形式大量散见于报刊、电视直播等处，呈现出零散破碎的状态；第二次安倍政权任内大量相关实践仍有待进一步整理；尤其缺乏一部对两

---

① 福原亨一、「『戦後レジーム』に敗れた安倍政権」、https://www.esuj.gr.jp/jitow/232_index_detail.php。

— 5 —

次安倍政权的"摆脱战后体制"路线进行专门梳理、总结、评价的研究作品。这给笔者提供了研究空间。

针对研究课题的特点,本书就研究方法进行了积极的探索,特别是将安倍政权的"摆脱战后体制"路线置于个人观念分析与历史传承考察两个维度交叉的分析框架之下,通过相互印证与对照比较,研究"摆脱战后体制"的真正内涵,总结提炼出其中心任务清单,以之为逻辑统领相关实践的分析评估。在个人观念分析部分,又从安倍本人的"战后体制观"与"国家观"的两大基本观念入手,交叉使用概念分析、文本分析、分层解读、历史分析等方法,探究认识其"摆脱战后体制"意识的可行道路。通过上述一系列较为新颖的研究框架设计,尝试解决"个人观念作为研究对象"本身存在的难点,以及"摆脱战后体制"在意识结构上较为松散所带来的额外难度。此外,本书虽未直接基于国际关系学中的层次分析法设计研究框架,但鉴于课题在广义上可被视为战后日本在国际体系、国际秩序的大背景下的制度变迁研究,狭义上也必然包括部分日本对外政策和对外行动,涉及广泛的主体(行为体)、事件、行动。层次分析视角将为厘清不同要素之间的层次关系,考察行为与事件发生的起因与影响等提供便利。正是在这个意义上,笔者首先将"摆脱战后体制"研究定位为个人层次的研究,并且将在具体研究过程中贯彻层次分析的意识。

本书为更全面、准确地把握"摆脱战后体制"的真实内涵,立体、生动地反映"安倍路线"的真实面貌,在研究素材的选择上并不局限于两次安倍政权时期,而是广泛涉猎安倍政治生涯中产生的大量相关文本资料,包括但不限于安倍本人及其亲密幕僚、思想导师、政治"领路人"等公开发表的政治理念、政策主张、对政策实践的亲身解读与阐释;同时关注媒体、研究机构等第三方相关跟踪报道、实时评论,参考国内外学界关于安倍个人及"安倍政治"的研究成果等,一方面深入路线提出者安倍的政治理念层面，另一方面对这些政治理念的传承关系进行历史追溯，从源头上剖析"摆脱战后体制"的意识结构。值得一提的是，在安倍于2020年再度因病请辞后，外界开始对其执政历程进行各类总结回顾，挖掘安倍执政期间的文献资料；安倍本人也不断现身媒体，自诉任内政治决策"背后深意"，其性质相当于安倍个人回忆录。2022年安倍意外遇刺身亡，伴随其悼念活动的是新一轮"安倍热"，将对"安倍时代"的分析、评价推向新高潮。2023年，安倍去世7个月后，由其卸任后接受的专访等构成的《安倍回忆录》面世；日本媒体《读卖新闻》就该书关键内容做了系列解读报道。总体而言，出现了大量有价值的新资料可供研究者使用。在本书写作期间，经过一段时间的沉淀，特别是经过当事各方以及实践结果等的相互印证，可以说适逢全面回顾总结安倍政权的"摆脱战后体制"路线的最佳时机，在一定程度上构成了对"在任时政策研究"的相对优势所在。但与此同时也须承认，虽然笔者有心以此书为中国的周边外交实践略尽绵薄之力，但毕竟受限于自身的学识水平，疏漏偏颇之处实难避免，企盼各位读者能不吝批评指正。

目 录
contents

第 章 "摆脱战后体制"路线的相关概念 / 1
  第一节 路线的提出与发展 / 1
  第二节 "战后体制"的解释 / 9
  第三节 "摆脱战后体制"的国家主义特性 / 27

第二章 "摆脱战后体制"路线的历史溯源 / 41
  第一节 近代日本战略思想中的国家主义传统 / 42
  第二节 战后体制的建立及"反战后"动向的流变 / 48
  第三节 "反战后"思想的主要代表 / 62
  第四节 "摆脱战后体制"路线中的国家主义表现 / 76

第三章 "摆脱战后体制"路线的中心任务 / 82
  第一节 全面恢复行使国家主权 / 82
  第二节 复兴日本民族精神 / 90
  第三节 追求大国地位 / 97
  第四节 由经济转向政治 / 103

第四章 "摆脱战后体制"路线的对内实践 / 109
  第一节 修宪实践：多角度推进修宪进程 / 110

第二节　行政改革实践：加强中央集权　/　123

　　第三节　文教政策：凸显右翼保守色彩　/　132

第五章　"摆脱战后体制"路线的对外实践　/　161

　　第一节　安保改革实践：颠覆战后"非军事化"原则　/　161

　　第二节　日美同盟政策：指向更平等的同盟　/　172

　　第三节　外交战略转型：变被动为主动　/　180

结　论　/　191

余论　日本国家转型带来地缘挑战　/　207

参考文献　/　210

第一章 "摆脱战后体制"路线的相关概念

"摆脱战后体制"是第一次安倍政权（2006—2007年）提出的代表性政治口号。在"摆脱战后体制"的旗帜下，第一次安倍政权于短短一年期间，"对于战后长时间存续下来的诸多制度进行大胆的改革"，相继推动了"教育再生"、防卫厅升级、制定《国民投票法》等多项"踏入禁区"的政策，向战后日本国家体制发起多角度攻势，并在实践中积累"摆脱战后"事实。下台五年后，2012年底再度拜相的安倍继续推进"摆脱战后体制"。当其于2020年8月彻底结束第二次首相任期时，日本的外交、安保、教育等多个关键领域的战后基本制度均被突破。日本国家面貌发生了显著变化，日本政治进入了全新阶段。

第 节 路线的提出与发展

一、初步形成

2010年，安倍在"清和政策研究会"一次内部演讲中透露，他产生"必须'摆脱战后体制'"意识的源头可以追溯到首次当选众议员时期。彼时正值第一次朝核危机的尾声，美国克林顿政府初

「"摆脱战后体制"——日本安倍晋三政权的路线及实践」

步与朝鲜方面达成《朝美核框架协议》，约定以轻水反应堆建设换取朝鲜停止核开发进程。为配合上述协议，日本政府同时缓和对朝政策，决定向朝鲜提供大米等人道主义援助。但此举遭到了安倍等对朝强硬派的强烈反对。在负责朝鲜问题的美国特使访日时，安倍当面就美国对朝政策向其提出异议。演讲中，安倍描述当时的情景如下：

> （招待会上）特使向我表示"现在美国打算转变其对朝政策，希望日本予以配合，不要反对大米援助"。对此，我是这么回应的："可是有个13岁的名叫横田惠的日本女孩被朝鲜人绑架了。如果克林顿总统的家乡有个13岁的女孩被朝鲜人绑架，那美国会同意向朝鲜提供大米援助吗？"她咧嘴一笑，说："如果那样的话，海军陆战队现在就已经占领平壤了。"接下来她的话更是给我留下了深刻的印象。特使问："日本能做到（这些）吗？日本应该做的是帮助解决大米问题。"换言之，既然日本无法进行军事行动，那么它就应该去做自己唯一能做的，即提供援助。我当即驳斥了这种言论。但现实是日本确实做不到。[①]

美国特使的话强烈刺激了安倍。安倍在演讲中总结此事道："从一开始日方就从脑子里排除了（军事行动）这一选项。归根结底是战后体制造成如此现状。"显然，此时安倍所指的已不仅仅是其眼前的对朝政策选项问题，而是将日本整体对外政策局限的原因归咎于战后体制对其在事实及意识层面上的束缚，并暗下决心在未来予以排除。

---

① 安倍晋三、「戦後レジームからの脱却」、http://www.seiwaken.jp/forum/img/20100513_004.pdf。

| 第一章 "摆脱战后体制"路线的相关概念 |

这一问题意识逐渐演变成了"摆脱战后体制"路线。2006年，作为自民党总裁竞选公约项目之一，安倍提出"从战后体制起航"，并列举与之相关的"制定与21世纪国家面貌相适应的宪法"和"以成为联合国安理会常任理事国为目标"，亦即"修宪"和"入常"两项内容。此后，随着安倍政权政治实践以及与外界互动的逐渐累积，更多议题和领域被纳入了战后体制的范畴；相应的政治口号亦逐渐由"从战后体制起航"演变为"摆脱战后体制"。在2007年初的施政演说中，安倍已就"摆脱战后体制"路线作出了明确阐述：

> 我希望能将日本建设为21世纪国际社会中新的模范国家。为此，必须从终战后烧毁的废墟出发，而不能仅仅赖在前辈们建设的闪闪发光的战后日本成功的模式上安然度日。显而易见，以宪法为顶点的行政体系、教育、经济、就业、央地关系、外交和安全保障等基本构造已经不再适应21世纪翻天覆地的变化了。日新月异的变化早已超出我出生的那个时代……的想象。现在正是回到其最初的原点，大胆改革这些战后体制以重新扬帆起航之时。我的使命正是向着建设"美丽之国日本"的目标，绘制能经得起下一个50年，乃至100年时代洪流的新国家蓝图。①

这段宣示是安倍本人首次展示"摆脱战后体制"路线内涵的全貌。它早已不再局限于最初的"修宪"和"入常"这两个单纯的政策目标，而是要求从整体上对战后日本以宪法为基础建构的各领域基本制度或基本规范进行全面革新，令日本脱胎换骨，建设一个全新的日本；其作用对象理论上涵盖了所有抽象和具体形态的战

---

① 「26日の安倍首相施政方針演説の全文」、『読売新聞』2007年1月26日。

后体制，涉及政治、经济、社会生活各领域，直指战后日本国家存续和运作的基本方式。外界亦很快意识到在单纯的政治口号和政策宣示的表面之下，安倍实以"摆脱战后体制"之名提出了关于日本国家发展道路的整体方略，并因此将之称为"安倍路线"。

此后，安倍个人言行和政府答辩书等官方文件都显示：作为"摆脱战后体制"路线的官方阐释，这段2007年初的演讲就其内容而言已基本稳定。这证明早在第一次安倍政权任内，安倍就已经形成了较完整、清晰的"摆脱战后体制"主张，并从"战后日本政治的最大课题"[①]的高度对其加以认识；其政权的实践就是对解决该"最大课题"的持续探索。

二、蛰伏与再起

然而，安倍这一政治抱负很快遭到了败选和自身疾病的双重打击。2007年7月，安倍率领的日本自民党在第21届参议院选举中惨败于日本民主党，自1955年建党以来首次将参议院第一大党的地位拱手让与对手。作为党首，安倍继续执政的内外压力陡然增大。经过一次未能力挽狂澜的内阁改组后，安倍很快于当年9月狼狈下台。"摆脱战后体制"路线随之由明转暗，进入蛰伏期。

在野期间，该路线主要依靠"创生日本"[②]等右翼保守团体，作为游离在自民党中央与民主党政权的权力核心之外的支流路线继续活动，积蓄力量，准备东山再起。其主要活动可以概括为以下

[①] 安倍晋三、『新しい国へ　美しい国へ完全版』、文春新書2013年版、第254頁。

[②] "创生日本"的前身是右翼政治家中川昭一于安倍下台后第一时间创建的右翼保守团体"真·保守政策研究会"，创立之初即打出"继承安倍的'摆脱战后体制'路线"的旗号。2010年，安倍接替突然去世的中川出任团体会长，将之更名为"创生日本"，发展为跨党派的保守议员联盟。

三种：

一是集结并培植相关政治势力。"平成行政改革"①的总体方向是增强执政党党首、内阁总理大臣等权力核心的制度性权力，推动形成政治强人依靠个人关系网络开展政治活动的模式。小泉纯一郎政权、第二次安倍政权都是该模式的典型代表。"创生日本"的活动发展壮大了以安倍为首的政治集团。在"小圈子决策"的大背景下，该政治集团事实上构成了安倍第二次出任自民党总裁和日本首相后的权力核心。据统计，仅在第二次安倍政权的首届内阁中，由"创生日本"输送的阁僚就有副首相兼财务相麻生太郎、总务相新藤义孝、文部科学相下村博文、环境相石原伸晃、防卫相小野寺五典、国家公安委员长古屋圭司、冲绳·北方相山本一太、行政改革相稻田朋美，共计9人之多。这一政治集团同时也是"摆脱战后体制"路线在日本中央政坛得以维持和发展背后的政治力量。

二是进行政策储备。保守派政治评论家江崎道郎研究发现，第二次安倍政权任内与"摆脱战后体制"路线相关的多项政策可追溯到"创生日本"的政策提案。在安倍主持时期，"创生日本"曾发布题为《迈向新的"日本之晨"》的政策汇编。该政策汇编从"应对中国崛起带来的安全挑战"出发，提出深化日美同盟、扩大日美同盟网络，在外交事务中改革既有的"官僚决策"②模式以推进战略外交等一系列主张。该政策汇编的问题意识、应对思路和主要措施均在第二次安倍政权的政策中得到充分反映。江崎认为，

---

① 平成年间，以桥本龙太郎政权为始，有数个政权开展了一系列较有代表性的行政机构改革，统称为"平成行政改革"或"平成行政体制改革"。

② 日语中的"官僚"一般指对国家政策有一定影响力的国家公务员。鉴于本书中大量涉及"官僚决策模式""官僚阶层"等术语，且中文里的"官僚"一词本身也有"官员、官吏"之意，为叙述简明连贯考虑，除"公务员体制改革"等惯用说法以及其他的个别说明外，将日语的"官僚"直译为"官僚"。

"创生日本"本次政策提案可被视为安倍"俯瞰地球仪外交""印太战略"等政策的雏形。①

三是通过公开活动维持路线的存在感。"创生日本"以行动主义自诩，②联合日本维新会等其他右翼保守团体，制造并利用各类噱头，不断开展政治造势活动，作为一支"既反自民党中央又反民主党政权"的政治力量活跃于日本政坛。这些活动不少是以"摆脱战后体制"的名义进行的，对于路线维持在公众视野中的曝光率起到了直接作用。例如，围绕2010年夏季参议院选举，"创生日本"、日本创新党以及名为"站起来日本"的政治团体，三者结成反民主党的"拯救日本联盟"（以下简称"救国联盟"），打出"建立以'摆脱战后体制'为宗旨的健全的保守政权"旗帜，发起对民主党政权的攻势。活动中，这一所谓的"救国联盟"围绕"摆脱战后体制"这一主旨，提出了制定新宪法、"解禁集体自卫权"、加强日美同盟、推进教育再生等政策主张。③

2007—2012年的蛰伏期显示了"摆脱战后体制"路线在保守阵营中有深厚的支持基础和不容小觑的行动能力。在这股政治力量的积极活动下，2012年安倍再次出任自民党总裁，率领自民党趁民主党政治陷入混乱之际夺回政权，携"摆脱战后体制"路线重返首相大位，开启了"摆脱战后体制"的第三阶段。

三、坚持与成效

2007年参议院败选后，政界和舆论对第一次安倍政权及其"摆脱战后体制"路线的批评声音高涨。自民党内外的反对者都试

---

① 江崎道郎、「原点だった創生日本」、『正論』2020年11月号、第43—45頁。
② 「消えた「保守」安倍晋三氏らの研究会、名称変更『創生「日本」』へ」、『産経新聞』2010年2月6日。
③ 「保守結集国家観めぐる論戦を期待」、『産経新聞』2010年6月14日。

图将参议院选举解释为对安倍"摆脱战后体制"路线的信任投票。选后声势大涨的在野党在第一时间猛烈抨击了安倍的内阁改组,称其在参议院选举大败后"全然不见改换政策的态度","观察(改组后)留任内阁大臣人选,完全感受不到对'摆脱战后体制'路线的反省"。① 同时期的民意调查亦显示,超过70%的选民对安倍政权1年间的执政效果持否定评价。② 虽然失去民众信赖的安倍政权勉强进行了内阁改组,但终究未能力挽狂澜。之后,自民党的反安倍势力亦不再掩饰对安倍路线的批评。

为了区别于第一次安倍政权饱受批评的政治口号,2012年再次上台的安倍采纳部分幕僚和支持者的建议,放弃了将"摆脱战后体制"再次作为政权的政策招牌使用,但诸多迹象显示,第二次安倍政权实则以"舍弃名,取其实"的方式继续推进"摆脱战后体制"路线。

第一,在野期间,安倍及其亲信从未表露出任何就政治路线改弦更张之意。即便在2007年参议院败选时,作为安倍亲信的首相辅佐官——世耕弘成在接受采访时也坚称,"不认为'摆脱战后体制'已宣告失败","(即使参议院败选也)支持安倍继续执政"。③ 而安倍本人除在野期间依然高举"摆脱战后体制"旗帜外,2012年再次出马竞选自民党总裁时也依然以刊文、受访、演讲等多种形式公开表示将继续坚持这一路线。2013年,日本发行量最大的综合性杂志《文艺春秋》在当年元月号上刊载了自民党新总裁安倍的署名文章。安倍在文中对"'摆脱战后体制'是(当前)日本最

---

① 「きょう内閣改造 政権浮揚、勝負手は 出るかサプライズ」、『読売新聞』2007年8月27日。
② 「安倍首相退陣 実績『評価しない』70% 『安倍内閣1年』読売新聞社世論調査」、『読売新聞』2007年9月13日。
③ 「『逆転参院』インタビュー 世耕弘成・首相補佐官」、『読売新聞』2007年8月15日。

大的课题"的口径并无改变。

第二，安倍政权也并未完全舍弃对"摆脱战后体制"的宣传。第二次安倍政权提出了"夺回日本"①的口号。在其政治著作《致美丽之国》的 2013 年修订版——《致崭新之国》中，安倍对口号的解释为"不仅指从民主党政权手中夺回日本，更是指从战后历史中夺回日本，使之重新掌握于日本人民之手"。② 2012 年 8 月，当被问及"究竟要夺回什么样的日本"时，安倍毫不迟疑地答道："（夺回）冷战后日本作为国家的应有之姿，也就是摆脱战后体制"。③ 由此可见，"夺回日本"实际上还是"摆脱战后体制"，是该路线在第二次安倍政权任内的表述。

第三，第二次安倍政权的"政策转变"实际仅停留在政治手法层面。政权所标榜的"民生优先"不过是出于赢得选举考虑，而延长政权生存依然是为了实现安倍"摆脱战后体制"的政治抱负。安倍曾以"政治（银行）账户"比喻社会给予政治家的信任额度。政治家通过推进受欢迎的政策博取民心、挣得社会信任；而推进不受欢迎的政策则将从自己"政治账户"中支出社会信任。安倍认为第一次安倍政权的教训就是"透支了政治资源"。④ 基于该教训，安倍在再次上台后对于政权运营煞费苦心，竭力保持社会信赖积累与消耗之间的平衡，避免重蹈首次执政时因透支而迅速失去民心的覆辙。在近八年的时间里，第二次安倍政权每逢选举就用经济政策吸引选票，在选举间歇则围绕"摆脱战后体制"推进安保、修宪等不受欢迎的政策，显示出明确的规律性。譬如 2015 年，安倍政权在强推

---

① 日语称「日本を取り戻す」。
② 安倍晋三、『新しい国へ　美しい国へ完全版』、文春新書 2013 年版、第 254 頁。
③ 「特集ワイド－リーダーを読む/3　自民党安倍晋三総裁　何を＜取り戻す＞のか」、『毎日新聞』2012 年 12 月 31 日。
④ 曽我豪、「本誌『語録』に刻まれた功と罪」、『文芸春秋』2022 年 9 月号、第 176 頁。

"新安保法案"成立后不久，即发布"1亿总活跃社会"政策方针；紧接着又在2017年打出"全世代型社会保障"的旗号。在2023年出版的《安倍回忆录》中，安倍本人坦言作出上述安排是因为"清楚（内阁）支持率因安保相关法案下挫，为打开局面所做"。① 显然，民生政策背后隐藏的仍是"摆脱战后体制"路线。

凭借着民生政策的成功"包装"，再加上同时期美国雷曼危机后，世界经济缓慢复苏的大背景下，日本经济进入战后持续时间最长的景气扩张周期的有力"托底"，第二次安倍政权成为战后持续时间最长的长期政权，安倍本人更是在此过程中成为强势首相，得以充分施展其政治抱负，贯彻"摆脱战后体制"路线，取得了丰富的实践成果。在其身后，日本以宪法为顶点的战后体制从理念到制度均出现了大幅松动。包括自我期待和行为模式在内，"摆脱战后体制"路线给日本国家定位带来的根本性变化逐步显现。

第二节 "战后体制"的解释

作为路线的核心概念，在此首先就"战后体制"的含义进行辨析。

一、一般性解释：日本语境下的"战后体制"含义

安倍政权的"摆脱战后体制"原文为"戦後レジームからの脱却"。其中"体制"使用了外来语"レジーム"一词，亦即英文的"regime"。在英语世界中，"regime"一词意蕴丰富。据政治

---

① 「［最長政権の軌跡　安倍晋三　回顧録］(6) 硬軟自在のリアリスト」、『読売新聞』2023年2月16日。

哲学家列奥·施特劳斯考证，政治学中的"regime"一词可以追溯到古希腊哲学家柏拉图的"（城邦）国家"（πόλις）概念，其基本含义是以政府、法律体系为代表的统治秩序及其形态。法国大革命时期，"保皇"或是"共和"的制度之争，令"regime"一词广泛运用于政治实践，最终传入英语世界。在日语里，除片假名"レジーム"外，"regime"通常被译为（日文汉字的）"政治制度""政治形态"以及"体制"。不同译法的侧重面有所不同：翻译为"政治制度"的往往针对总统制或议会制这类更微观、更具体的制度组织形式的含义，接近于"政治体制""政体"的概念；翻译为"政治形态"的往往意在强调民主或独裁等国家规模的政治组织形式，更接近于"国家体制"或"国体"概念。"体制"则是使用最广泛的译法。譬如安倍的"戦後レジームからの脱却"在日媒报道中有时也被称为"戦後体制からの脱却"。[①] 京都大学教授，同时也是施特劳斯政治哲学研究者早瀨善彦也主张"体制"是"regime"最合适的日语译法，[②] 其具体原因后文还将涉及。本书以中文"体制"一词翻译"レジーム"或"regime"。词汇含义与日文汉字的"体制"类似。这也是中文世界中对安倍"戦後レジームからの脱却"的通行译法。

与此同时，一般认为"摆脱战后体制"中的"战后"指1945年第二次世界大战结束之后。这也是日本语境下讨论战后诸问题的最大公约数，是"战后"这一时间概念的外延。这一时间段又可被进一步细分为"战后初期"或是"占领时期"

[①] 例如磯山友幸、「安倍外交が目指す『戦後レジームの総決算』」、日経ビジネスサイト、2016年9月12日、https：//business.nikkei.com/atcl/report/15/238117/090900030/。

[②] 早瀨善彦、「レオ・シュトラウスのレジーム論——哲学と政治社会の関係についての考察」、京都大学大学院人間・環境学研究科出版の『人間・環境学・巻21』2012年12月号、第188頁。

（1945—1951年）①，以及占领结束之后（1951年至今）两个阶段。② 关于"战后"起算点的争议主要针对1945—1951年的"占领时期"。部分右翼保守人士、冲绳等地方权益伸张者等主张，"战后"应从1951—1952年《旧金山对日和平条约》（以下简称《旧金山和约》）签署乃至生效，盟军（即美国）对日本占领期结束后算起，也就是将"占领时期"排除在外，或至少认为"占领时期"是一段定义上暧昧模糊的特殊时期。例如，上智大学教授宫城大藏曾援引冲绳前知事翁长雄志与前官房长官菅义伟的对话以说明：冲绳和日本本土在第二次世界大战结束后的时间线并不同步。宫城称"对冲绳而言，真正的战后始于（冲绳）'回归'之后"。③ 部分右翼保守人士也认为日本的"战后"始于结束盟军占领之后，但他们与宫城等人作类似主张的动机并不相同。宫城等人的主张显然是基于"对于战后冲绳相较于日本本土所受不公待遇的同情与不满"，而右翼保守人士作类似主张则主要出于对美民族主义。日本同志社大学教授、昭和历史研究者保阪正康分析认为，日本右派学者、政治家、记者等实则将以美国为首的盟军对日6年零8个月的占领视为"政治的战争"或"战争的延伸"，《旧金山和约》的签署则是战争正式结束的标志。④ 在右翼保守系政治家，主张设立"主权纪念日"并坚持于2013年4月28日举行"主权回归纪念仪式"的安倍身上，也隐约可见类似的观点。

但是，本书依然认为应该采用1945年作为"战后"的起算点，原因主要有二：一是本书研究对象"战后体制"中的许多基

---

① 相较于中立的"战后初期"，"占领时期"是明显从日本立场出发的用语。但鉴于本书研究对象，即安倍晋三及其"摆脱战后体制"具有明确的"反占领"意识，本书亦倾向于使用"占领时期"这一用语。

② 这里的时期划分针对的是日本本土。

③ 宫城大藏，「復帰50年－沖縄と本土の『戦後・冷戦後・ポスト冷戦後』」、サイトOKINO、https：//okiron.net/archives/2509/2。

④ 保阪正康，「安倍首相空疎な天皇観」、『文藝春秋』2015年9月号、第97頁。

本框架和逻辑起点可追溯到"占领时期",不宜人为将两者割裂。二是正如前文所述,以 1945 年为起算点的"战后"概念是在日语语境下讨论战后诸问题的最大公约数。对于绝大部分日本人而言,作为伴随着"战争结束"而来的以"和平"为突出特征的生活场景显然始于 1945 年日本投降。以这一年作为分水岭更符合大多数日本人的真实感受。即使是安倍本人亦是在默认"战后"这一常见时期划分的前提之下,强调"战后"的"占领"属性。

综合"战后"和"体制"两个概念要素可以初步得出:狭义上的"战后体制"理应指代于 1945 年第二次世界大战结束后产生于日本的,且有别于战前或战时的,以政府、法律体系等统治制度为中心的制度性关系,例如政治体制、国家体制、国家机构设置等。但从实践来看,"战后体制"一词的内涵并不仅限于此。

首先,从"(城邦)国家"(πόλις)或"国家"(强调国家体制/政体的 Πολιτεία)这一词源看,体制强调的是特定的时代、国家、地区中赋予国家等政治生活具体形态以正当性的根本原理,亦即社会整体政治生活背后的价值基准,是超出法律等有形制度规定背后的政治哲学或理念,也就是上文中所指包含但超出"统治制度"(形态)的"统治秩序"。[①] 其次,日本政治特点进一步增加了(日文汉字中)"体制"概念中超出"统治制度"部分的比重,使得日本文化语境下的"体制"在内涵上的延伸更趋重要,以至在概念边界上更趋模糊。自著名的日本思想家丸山真男从反思军国主义的角度提出"无责任体系"论之后,"体系性无责任"就成为日本政治为之公认的重要特点。[②] 在 20 世纪 80 年代以美国为代表

---

① 早瀬善彦、「レオ・シュトラウスのレジーム論——哲学と政治社会の関係についての考察」、京都大学大学院人間・環境学研究科出版の『人間・環境学・卷21』2012 年 12 月号、第 173 頁。

② [日]丸山真男著,陈力卫译:《现代政治的思想与行动》,商务印书馆 2018 年版,第 83—128 页。

的西方"敲打日本"的浪潮中，荷兰驻日本记者、政论家范·沃尔夫伦即重拾这一概念，批判日本权力的结构是"无责任体系"的，认为在日本"发布指令的是隐形的'体制'。该'体制'的构成要素是官僚与政治派系、官僚与经济界人士联合的非制度性关系，没有中心，也没有统管这些的责任者"。① 这一日本政治特点和"体制"一词内涵的延伸相互对应，印证了上文早濑所称的"（日本汉字）'体制'是'regime'最合适译法"的主张。

日本政治整体运作中的这种非制度性自然也反映在"战后体制"实际运转之中。因此，广义上并且也是日本语境下的"战后体制"还应包括形成于战后时期的在各种意义上构成或支撑战后政治结构及运作的非制度性因素，例如文化、意识观念、缺乏制度性表达的潜规则、较为稳固并获得遵循的先例等。日本京都大学教授、保守政治论者佐伯启思即明确表示，"在统治制度之外，体制还包括人们的想法、生活习惯、社会价值观等"。② 美国的日本问题专家托比亚斯·哈里斯将安倍政权试图摆脱的"战后体制"称为"战后的共识"③。韩国的日本问题研究者李炯吉则称之为"战后的惯性"。④ 这些熟悉日本政治情况的学者在术语选择上也从侧面印证了：日本"战后体制"的准确解释应是构成或支撑战后日本政治运作的所有相关的制度性和非制度性关系的总和。具体而言，战后根据《波茨坦公告》第6条在清除极端国家主义或军国

---

① ［荷］卡瑞尔·范·沃尔夫伦著，任颂华译：《日本权力结构之谜》，中信出版集团2020年版，第66—76页。作者在本书中使用的是"体系"（System）一词，但从其内容看与本书中的"体制"（Regime）意思相近。

② 佐伯啓思、「保守の矛盾を体現した政治家」、『中央公論』2022年9月号、第35頁。

③ トバイアス・ハリス、「安倍晋三は必ずしも人気のある指導者ではなかった」、『ニューズウィーク日本版』2022年10月4日。

④ 李炯喆、「1980年代以後の普通国家への道」、『長崎県立大学国際社会学部研究紀要』2020年5月号、第17頁。

主义势力之后建立"和平安全及正义之新秩序"的宣示，日本在占领当局的监管下全面重构了其国家基本框架，逐渐形成了新的统治秩序，即日本的"战后体制"。

二、特殊性解释：安倍晋三意识中的"战后体制"含义

实际运用中，由于"战后体制"这一概念本身仍处于活跃使用时期，其内涵并未完全固定。随着时间的推移及所谓"战后"的延长，日本内外政治在整体上区别于战前的同时，自身也在不断变化；概念的使用者（如政治家、学者、媒体等）亦身处于围绕该概念的互动进程中，彼此影响。这决定了不同时期、不同使用者的"战后体制论"中"战后"或"战后体制"的内涵既有共性又有不同。即使在同一使用者身上，其对于"战后体制"的认识亦可能由于互动等原因发生变化，从而导致具体内涵方面的增减。针对上述现实，本书对于"战后体制"或"战后"相关概念的把握，将在尽可能兼顾全面的同时，于众多战后体制论中突出安倍个人具体的"战后体制观"；于"战后体制"可能涉及的诸多因素中，突出那些直接、主要、稳定的，与概念核心关系密切的特征、领域等展开论述。

基于上述说明，本书通过梳理发现：在安倍"摆脱战后体制"的意识中，所谓"战后体制"至少具有以下四个方面：

（一）"宪法体制"

该概念主要着眼于日本对内统治的体制或秩序。

在2007年7月10日答众议员逢坂诚二的政府答辩书和2017年6月27日答众议员本村贤太郎的政府答辩书中，安倍政府回答了何为"战后体制"，具体如下：

「第一章 "摆脱战后体制"路线的相关概念」

战后以宪法为顶点的行政体系、教育、经济、就业、央地关系、外交和安全保障等基本构造。①

这也是日本对"摆脱战后体制"中"战后体制"概念的官方释义。宪法是战后日本最重大的政治问题之一。相隔10年的两份答辩书显示前后两次安倍政权对"战后体制"的认识一以贯之，同时亦反映出安倍视"宪法体制"为"战后体制"之首要。因而，可从安倍的宪法观中窥见其对战后体制的认识。

战后日本以成文宪法规定国家生活基本形式。现行日本宪法正式出台于1946年，以"和平主义"和"民主主义"为基本原理，是战后初期美国对日民主化改造的重要成果。1945年10月，日方接到驻日盟军总司令部②起草新宪法的命令。次年2月，盟军总司令麦克阿瑟提出了关于日本新宪法的"麦克阿瑟三原则"，即主权在民、象征天皇制和放弃交战权，并授意由美国民政局依据该三原则拟定日本新宪法纲领，即"麦克阿瑟草案"。同年3月，依据"麦克阿瑟草案"制定的日本新宪法草案向社会公布。1946年11月3日，新宪法正式颁布，并于次年5月3日开始实施。

现行日本宪法的底本出自占领当局的特殊渊源，致使其在战后遭到日本民族主义者的抵触。安倍正是所谓的"宪法外来论"支持者，其修宪论立足于现行宪法与日本主权之间的紧张关系。主要论据有二：

其一，立宪程序非法，受到过多的外来干涉。在《致美丽之

---

① 『衆議院議員逢坂誠二君提出経済財政改革の基本方針二〇〇七に関する質問に対する答弁書』，https://www.shugiin.go.jp/internet/itdb_shitsumon.nsf/html/shitsumon/b166457.htm。『衆議院議員本村賢太郎君提出総理の言う「戦後レジーム」の意味に関する質問に対する答弁書』，https://www.shugiin.go.jp/internet/itdb_shitsumon.nsf/html/shitsumon/b193431.htm。

② General Headquarters, the Supreme Commander for the Allied Powers (GHQ)，以下简称"盟军总司令部"。

国》这本书中，安倍强调：包括宪法在内的"战后日本架构是在美国占领时期制定的"。① 2000 年 5 月 11 日，尚属自民党内少壮派政治家的安倍在众议院宪法调查会上对宪法的批判则更加激烈。安倍称，"（现行宪法）公布的昭和二十一年（1946 年）就是终战第二年，（日本）处于完全占领之下"，"宪法制定于极大的（外来）强力之下"，指出"在被占时期制定（宪法）违反了《海牙公约》等（国际法）"。②《海牙公约》指的是以 1907 年缔结的《陆战法规和惯例公约》，亦即以"海牙第四公约"为代表的国际习惯法。该《公约》第 43 条规定："合法政府的权力实际上既已落入占领者手中，占领者应尽力采取一切措施，在可能范围内恢复和确保公共秩序和安全；除非万不得已，应尊重当地现行的法律。"言下之意，现行宪法属于"城下之盟"。这类论调在日本修宪论者中相当普遍。小泽一郎就曾于 1999 年表示，"非正常状态下制定的宪法在国际法上是无效的。这是 1907 年缔结的《海牙公约》的基本原则"。③

其二，立法原理上存在占领者的非善意。安倍在《致美丽之国》中认为，占领者制定宪法等战后架构的意图在于"捆住日本的手脚，防止它东山再起"，限制日本国家的发展。④

总而言之，安倍认为日本在现有宪法体制下所取得的国家独立地位是有缺陷的。不仅如此，由于占领方的故意，该缺陷从制度设

---

① 安倍晋三、『新しい国へ　美しい国へ完全版』、文春新書 2013 年版、第 32—33 頁。

② 第 147 回国会衆議院憲法調査会第 9 号、平成 12 年 5 月 11 日、国会議事録検察システム、https://kokkai.ndl.go.jp/#/detail?minId=114704184X00920000511&current=3。

③ 松村昌廣、「『無条件降伏』とハーグ陸戦法規　日本にドイツ式「基本法」制定は可能であったか」、『桃山法学』第 17 号、第 89 頁。

④ 安倍晋三、『新しい国へ　美しい国へ完全版』、文春新書 2013 年版、第 32—33 頁。

计上即旨在束缚日本国家和民族的长远发展。这也是为什么安倍主张日本不应因为战后所取得的经济成就而对战后体制有所妥协，而必须坚持推翻现有宪法体制以"实现日本恢复独立的目标"。①

因安倍在政治上深受外祖父岸信介的影响，故而岸信介的作为可以再次印证安倍的宪法观。1952年，岸信介在解除"开除公职令"、恢复政治活动后的第一时间就提出"修改宪法，完备独立国家的体制"的政策主张，同样将宪法问题与国家主权问题相联系。显然，岸信介也并不认可日本因《旧金山和约》生效取得的国家独立地位，主张占领虽已结束，但占领者留下的宪法仍在，因而日本实际上仍处于"和美军占领相同的状态之下"。② 安倍和岸信介都是从彻底结束占领的立场出发反对现行宪法体制的。

鉴于宪法作为国家根本大法的地位，将"战后体制"定义为"宪法体制"意味着"摆脱战后体制"路线在内政领域的广度和深度；既涉及多个政策领域，又触及国家根本属性。首先，由于战后日本国内在宪法之下形成的各领域制度和制度框架下的实践——主要是日本国家的对内统治乃至全部对内关系——都必然在不同程度上不可避免地体现出安倍眼中"占领者限制日本主权与发展的意志"，因此它们均可能成为"摆脱战后体制"路线的改造对象。其次，现行日本宪法背后的"和平主义"与"民主主义"的两大理念原本也是"摆脱战后体制"路线的改造重点。事实上，各类型"反战后"主张均在不同程度上体现为对这两大宪法理念及其运作方式的反动和清算。③ 安倍也不例外。诸如，从根本上转变战后日

---

① 安倍晋三、『新しい国へ　美しい国へ完全版』、文春新書2013年版、第32—33頁。

② [日] 岸信介、矢次一夫、伊藤隆著，周斌译：《官场政界六十年——岸信介回忆录》，商务印书馆1981年版，第154页。

③ 初瀬龍平、「『戦後総決算』の一考察　中曽根時代とその後」、『京女法学』第1号、第27—49頁。

本国家体制中的"非军事化"因素，以求在当下和未来均能名正言顺地发展军事力量；加强中央集权，从个人、地方、行业等各层级中回收政治权力等，都是安倍"摆脱战后体制"的重要内容。

（二）"占领体制"

该概念主要涉及日本在对外交往中的主权问题。

在《致美丽之国》及其他多处演讲、文章中，安倍谈论日本"战后体制"时明显带有"被占领"的视角，其焦点集中于日美关系。安倍认为，于1951年结成的日美同盟关系的不平等性显著，甚至可以说是"占领与被占领关系"的一种掩饰或变通，是以军事同盟的形式确认的美国对日的军事占领；与被占时期唯一的不同是占领方从名义上的盟军变成了名实相符的美军。2010年，安倍在1篇文章中将1951年缔结的《日美安保条约》① 称为"对占领军予以原原本本的认可"的"不平等条约"，具有明显依附性，侵害了日本主权，使得日本取得的"独立国家身份徒有虚名"；② 在安倍心中，外祖父岸信介于1960年主持修改旧《日美安保条约》使之"接近对等"，"满足日本作为独立国家的基本条件"，是岸信介为结束占领体制，争取国家"真正的独立地位"所做的伟业。③

日美关系问题是战后规定日本对外主权的"旧金山体制"的核心。国际社会对战后日本主权国家身份恢复承认始于1951年。当年，日本同时签订了《旧金山和约》和旧《日美安保条约》，与以美国为首的西方阵营各国达成片面媾和。由于中国、苏联等社会

---

① 除原文引述外，下文简称为"旧《日美安保条约》"或"1951年版《日美安保条约》"。岸信介政府于1960年缔结的新条约则称为新《日美安保条约》或1960年版《日美安保条约》。

② 安倍晋三、「日米同盟の意義と価値」、『軌跡　安倍晋三語録』、海竜社2013年版、第51頁。

③ 安倍晋三、『新しい国へ　美しい国へ完全版』、文春新書2013年版、第28頁。

主义阵营以及韩国等亚洲邻国未在《旧金山和约》上签字，此后日本又分别同其中的中国、韩国及东南亚国家签订了双边和平条约；日苏以及后来的日俄两国至今未签署和平条约，但双边正常交往已在20世纪50年代恢复。就日本的立场而言，以上这些双边和约与《旧金山和约》及旧《日美安保条约》等的法律效力并行不悖，共同构成了战后日本就主权国家身份取得国际承认，重返国际社会并开展对外交往活动的条约框架。由于《旧金山和约》与旧《日美安保条约》在其中发挥着基础作用，这一条约框架又被称为"旧金山体制"。在该体制下，日本以过分宽松的条件恢复主权，重返国际社会。但同时也付出了代价：因片面媾和的方式和安保条约的存在，日本虽然在名义上取得"独立"，实则难以摆脱美国的控制，也无法独立自主地行使外交权，包括在冷战格局下能且仅能从属于西方阵营；日美关系则取代日本政府与盟军总司令部的关系成为独立后日本全部对外关系的总起点。这一点在战后日本通常被委婉地表达为"日美关系的基轴作用"或"战后日本对外关系的最大现实"；其本质是美国在占领结束后保留了对日本的特殊乃至决定性的影响力；而其源头正是安倍所说的美国对日本的军事占领。

因"旧金山体制"与"宪法体制"各自从不同的角度规定了占领结束后日本作为主权国家的存在现实，不少学者认为应将"旧金山体制"作为日本战后体制的另一源流。[1] 由于认为现阶段解除与美国的同盟关系不符合日本国家利益，安倍、岸信介等亲美

---

[1] 譬如，河南大学教授朱海燕认为日本的"战后体制"包括内外两层，内层是以战后日本宪法为依据建构起来的和平体制与民主体制，外层是以《旧金山和约》为核心构筑的亚太地区国际体制。再如，中国社会科学研究院研究员张勇认为，日本宪法与旧《日美安保条约》是日本"战后体制双支柱"。朱海燕：《试论日本"战后体制"的构造（1945—1952）》，《史学月刊》2015年第7期，第74—81页；张勇：《摆脱战败日本外交战略转型的国内政治根源》，社会科学文献出版社2020年版。

保守派主张"修约务必在保留日美同盟关系的前提下进行"。换言之，虽然有部分声音认为安倍反对"旧金山体制"，甚至得出了"摆脱战后体制"路线与美国利益相悖的推论，但事实是安倍等人对"旧金山体制"的批判是有所保留的；其迫切希望摆脱的并非"旧金山体制"或日美同盟关系，而是同盟关系中的"占领属性"，亦即美国对日本的"占领体制"。因而，虽然日美同盟政策调整必然是"摆脱战后体制"的重要内容，但这种调整不可能真正突破"旧金山体制"框架而达成"对美独立"，注定是一种有限的改良主义，甚至反证了"旧金山体制"的强大生命力。"摆脱战后体制"路线的主要矛盾正是反映在日美同盟关系领域。

（三）"战败体制"

该概念主要涉及日本在战后国际秩序中的地位问题。

安倍本人曾在2015年3月的众议院预算委员会上称"应从内政角度理解'摆脱战后体制'"，表示"全无挑战现有的战后（国际）体制之意"，否认路线有体系层面的政治意图。[①] 从其上下文来看，安倍话中的"战后（国际）体制"指战后国际秩序，即因第二次世界大战暨世界人民反法西斯战争胜利而树立，经1943年开罗会议、1945年雅尔塔会议和波茨坦会议等一系列重要的国际会议及《开罗宣言》《雅尔塔协定》《波茨坦公告》等国际法文件确认，并在反法西斯同盟基础上建立的联合国及其《联合国宪章》所体现的国际秩序。但与上述安倍言论相矛盾的是，"摆脱战后体制"的最初版本，即2006年安倍首次竞选自民党总裁时提出的"从战后体制起航"，其中就包括"坚持不懈地推进联合国安理会改革""成为联合国安理会常任理事国"等内容。联合国及其安理

---

① 第189回国会衆議院予算委員会第13号、平成27年3月3日、国会議事録検察システム、https：//kokkai.ndl.go.jp/txt/118905261X01320150303/208。

会均是战后国际秩序的重要载体和象征。推动联合国改革和争取"入常"不仅显露出日本致力于成为政治大国的野心,更涉及战后国际秩序对日本的安排。对于其中主要的涉日文件《波茨坦公告》,安倍政权的立场则更为消极。2015年6月,第二次安倍政权出具答参议员和田政宗的政府答辩书,宣称"《波茨坦公告》已随《旧金山和约》生效而失去法律效力",相当于公开表示《波茨坦公告》对签署《旧金山和约》之后的日本政府不再具有约束力,其政权不再遵守《波茨坦公告》要求。① 安倍本人对《波茨坦公告》的反感更难以掩饰。2015年5月20日,安倍在与日共委员长志位和夫的党首讨论中称"从未细读过""不了解"(《波茨坦公告》),引起了轩然大波。② 同年,在前述的答参议员和田政宗的政府答辩书里,又将《波茨坦公告》第6条称为"彼时反映盟军方面政治意图的文章",亦即政治文章,暗指其中立公正性有所欠缺,意在从历史道义上对《波茨坦公告》釜底抽薪。这些言行显然都是在挑战现行战后国际秩序。

若进一步探究安倍思想的背景,结合战后日本右翼思想的历史脉络来看,其反战后国际秩序的意识则更加清晰无误。在日本,战后国际秩序经常又被称为"雅尔塔—波茨坦体制"。其中,"雅尔塔"更强调雅尔塔会议中确立的体系性秩序,"波茨坦"则强调体系性秩序的对日应用。该用语的结构展现了日本国内对战后体制的认识,即认识到日本一国的战后体制实为战后国际秩序的组成部分。日本右翼保守势力素有反对"YP体制"的"传统"。所谓"YP"是"雅尔塔(Yelta)和波茨坦(Postdam)"的首字母缩写。

---

① 『参議院議員和田政宗君提出ポツダム宣言とサンフランシスコ平和条約についての政府の認識に関する質問に対する答弁書』、https://www.sangiin.go.jp/japanese/joho1/kousei/syuisyo/189/touh/t189146.htm。

② 「安倍首相の『ポツダム宣言読んでない』党首討論国内外に衝撃 世界との関係ご破算の深刻さ」、『しんぶん赤旗』2015年5月26日。

早在20世纪70年代,"一水会"等右翼民族派就以"YP体制"为攻击对象,高呼"打破战后体制",以反美苏霸权和"占领宪法"为名,要求推翻战后秩序并改变国际秩序对日本的不利处境。同在保守阵营内部,这些历史上的"反战后体制者"不可避免地构成了安倍战后体制观的知识来源之一。此外,譬如冈崎久彦等当代右翼保守人士对战后国际秩序同样不满。在其政论集中,冈崎久彦称战后国际秩序存在固化的胜负关系和相关历史道义定性,抱怨"日本的战败并未随着1945年8月15日接受《波茨坦公告》投降而终结"。冈崎久彦认为,第二次世界大战在人类历史上前所未有的总体战性质致使各参战国为广泛地动员国民而制造了相应的道德叙事;这成为战后国际秩序的道义基础,"一战、二战的正统历史实际上就是胜利者盎格鲁－撒克逊书写的历史"[①]。众所周知,冈崎久彦是安倍主要的思想导师和近旁幕僚之一,对安倍政治观点的影响很大。在安倍口中,日本同样深受第二次世界大战战败这一历史事实的束缚。在其著作、演讲中多次提到战后日本"受战败国之身拖累,国际地位低下",因而在国际交往中无法充分主张并维护本国国家利益;宣称本届政权提出的"有主张的外交"正是针对上述日本外交困境而生。[②] 安倍本人的历史修正主义者身份更是少有争议。与冈崎久彦等人一样,安倍也将历史认识、历史道义问题与战争胜负捆绑,称战后日本国内的进步主义史观为"战败国特有的自虐史观"。[③] 两次安倍政权的文教政策均立足于狭隘的民族主义立场,通过选择性展示历史事实,尤其是隐藏乃至粉饰本国的负面历史来实现历史修正主义者所理解的"从精神层面摆脱战败带来的负面影响"。

---

① 冈崎久彦、『真の保守とは何か』、PHP研究所2010年版、第218页。
② 安倍晋三、『軌跡　安倍晋三語録』、海竜社2013年版、第32页。
③ 安倍晋三、『新しい国へ　美しい国へ完全版』、文春新書2013年版、第205页。

综合上述情况来看，安倍的"战后体制观"不仅不像其宣称的"不包括（国际）体系层面的意图"，而且其反对现行国际秩序的立场更是昭然若揭。安倍2015年的国会发言，首先是在战后70周年这一敏感节点对于美欧普遍质疑其为"历史修正主义者"的回应。此类质疑曾作为外部因素对政权运作起到过消极作用。因此，安倍的这段发言虽然出自对内的国会质询场景，却是出于打消欧美国家疑虑的现实需要，不能简单凭借其字面意思就予以采信，更不能据此否认"摆脱战后体制"路线挑战战后国际秩序的内涵。不仅如此，安倍政权在内政外交多领域积极采取实际措施寻求打破国际秩序现状。其中，诸如争取"入常"等动作显然已超过了单纯摆脱战败国地位的程度。2013年2月22日，安倍在美国智库"战略与国际问题研究中心"发表演讲，发出了"日本绝不做二流国家"和"日本回来了"的宣示，昭示了其治下的日本对于成为国际关系中的主要"大国"，掌握国际秩序与规则制定话语权的野心。

（四）"战败者意识"

在安倍的政治主张中，对于战后日本国民意识及其形成的批判十分突出。在《致美丽之国》中，他花了大量篇幅讨论当前（即战后）日本国民所缺乏的国家意识、奉公精神，抨击战后的意识形态领域充斥着的所谓"进步主义"价值观，教育及传媒则致力于传播"自虐"历史观；在其他著作、演讲中，又多次对战后日本国民缺乏民族自尊心、自信心的状况表示忧虑，认为正是自信心的匮乏令战后日本社会"拒绝承担更多的国际责任"。[①] 安倍政权亦以改造战后国民意识为目标，重点强化了教育、媒体等意识形态相关领域的政策举措。2006年成功推动修改《教育基本法》，完成

---

① 安倍晋三、『日本の決意』、新潮社2014年版、第76頁。

"'摆脱战后体制'的首件大事"之后，安倍周边很快传出庆祝欢声，认为此事触动了"战后宛如金科玉律一样的东西"，"表明国民意识正在发生变化"。①

这些意识、精神、价值等都属于"观念"领域。其总和是日本社会中的所谓"战后意识"，亦即战后日本社会心理总体状况。"战后意识"形成于"战后体制"之下，同时又是后者长期存续的社会心理基础、合法性来源，对应"体制"概念含义中的"非制度性关系"。日本学者白井聪将之称为内在于"战后体制"的"精神结构"。总体来看，大部分观察家对日本战后意识的主要看法比较接近，认可其主流呈现"和平主义"与"民主主义"的原则。譬如白井聪认为，战后日本社会的总体意识可用"和平"与"繁荣"概括；日本的政治与外交专家五百旗头真认为"非战"与"民主"是战后意识的主要特征；安倍自己则提炼出带有负面意味的"个人主义""自由主义""国际主义"等。

战后日本社会意识的上述特征显然与战前（战时）大相径庭。以第二次世界大战为节点，日本社会意识在"战前（战时）"和"战后"的两个时间段内表现出诸多迥异的特征，呈现出一定的断裂而非延续的关系，致使"战后意识"在日本成为一个专有名词乃至社会问题被提出。这同时也是战后日本不同于其他国家的特点之一。关于日本"战后意识"的形成，五百旗头真从"集体记忆"角度给过解释。五百旗头真主张战后日本集体记忆的原点在于第二次世界大战带来的普遍而深刻的战争创伤。这种创伤使得战后的日本人对战前的自己抱有诀别心态。这是导致战后日本与战前日本彻底割裂的根本原因。② 日裔美国学者桥本明子等将之归结为"国家

---

① 「安倍教育改革の第一歩　基本法改正、具体策作りに課題」、『読売新聞』2006 年 12 月 16 日。

② 五百旗頭真、『日米戦争と戦後日本』、講談社 2005 年版、第 262 頁。

认同建构的陡然转变",其《漫长的战败:日本的文化创伤、记忆与认同》一书叙述了战后日本在美国主导下不得不完全否定战前和战时的国家体制,方被允许进行国家重建的过程,突出其中的外来干涉因素。① 而在白井聪看来,"战后意识"实际上是冷战格局下日本国民对于本国战争责任以及有损国家主权的对美跟随状况缺乏清醒认知而形成的一种无责任"回避"状态,在承认存在国际格局等宏观因素的同时,对日本国民进行了批判。②

相比之下,安倍的认识更加直接。他主张日本的战后意识源于"战败""国破",③ 受到"占领行政的直接影响"。④ 在2013年的"主权回归纪念仪式"上的演讲中,安倍称日本第二次世界大战战败被占领的历史为"我国漫长历史中前所未有的、最深刻的断裂和考验"⑤,主张日本民族认同延续的自然进程受战败及"占领"等外力干涉影响而被打断,令日本民族意识、民族心理整体处于与一般民族国家迥异的异常状态,成为战后日本社会诸多问题的精神根源。安倍思想导师冈崎久彦同样曾感叹"真正的问题在于……占领时被洗脑的日本人已经不再是从前的日本人了"⑥。换言之,冈崎久彦与安倍师徒将战后日本民族在自我认同和自我期许中的消极状态归咎于战后的对日改造,主张其根源仍在于日本在第二次世界大战中的失败,本质上是一种"战败者意识"。"战后意识"的这一消极本质呼应并支撑了"战后体制"在制度层面表现出的"占领"和"战败"属性,成为在"观念"领域长期束缚日本民族的枷

---

① [美]桥本明子著,李鹏程译:《漫长的战败:日本的文化创伤、记忆与认同》,上海三联书店2019年版。
② 白井聡、『永続敗戦論戦後日本の核心』、講談社2016年版。
③ 安倍晋三、『日本の決意』、新潮社2014年版、第231頁。
④ 安倍晋三、『新しい国へ　美しい国へ完全版』、文春新書2013年版、第204頁。
⑤ 安倍晋三、『日本の決意』、新潮社2014年版、第231頁。
⑥ 岡崎久彦、『真の保守とは何か』、PHP研究所2010年版、第218頁。

锁，同时也是为日本寻求"摆脱战后体制"的安倍政治亟须解决的课题。正是基于这一认识，安倍顶着重重反对与质疑，坚持有必要隆重纪念战后日本主权回归之日，试图以主权"回归"呼唤日本民族精神的"回归"。日本保守政论家佐伯启思在总结安倍的"战后体制观"时同样指出："摆在第一次安倍政权的战后日本"，"深受美国式自由主义价值观影响"以至于"否定本国历史传统与价值观"。正是第一次安倍政权提出了"摆脱战后体制"的口号。佐伯启思的话意在指出安倍"战后体制观"的上述非制度性内涵。①

当然，安倍对国民意识予以特别关注部分也是出于现实需要。五百旗头真认为，在战后日本民主政治的基本逻辑下，这种关注实际上源自民意对于政策走向的最终决定作用。② 民意固然可在一定程度上被引导或塑造，但引导塑造民意本身也说明了，即使是"虽千万人吾往矣"的政治强人亦无法完全摆脱民意这一外部政治环境框架，完全自行其是而不付出任何代价。20 世纪 60 年代，岸信介在修改旧《日美安保条约》后被迫下台就是实例。媒体、知识界带动大众舆论，在一定程度上制约了部分持国家主义倾向的保守精英的政治活动，实际上构成了对有形的战后体制的支撑。同时，也使得推动国民意识发生顺应政策方向的变化本身成为政策目标之一。这一点在安倍政权策动修宪的进程中表现得尤为明显。

综上所述，安倍眼中日本的"战后体制"可总结为：限制国家对内主权的"宪法体制"；限制国家对外主权的"占领体制"；阻碍日本以平等的主权国家身份参与国际交往的"战败体制"（战后国际秩序）；以及"战败"和"占领"导致的日本民族心理中的"战败者意识"。

---

① 佐伯啓思、「保守の矛盾を体現した政治家」、『中央公論』2022 年 9 月号、第 35 頁。

② 五百旗頭真、『日米戦争と戦後日本』、講談社 2005 年版、第 233 頁。

第三节 "摆脱战后体制"的
国家主义特性

"摆脱战后体制"的本质是安倍政权旨在"再造战后日本"的国家发展论及实践：国家（日本）是"摆脱战后体制"的主体；政治家安倍的国家观与路线直接相关；路线指向安倍为日本谋划的理想国家图景。安倍国家观能揭示"摆脱战后体制"路线的基本属性。

一、战后日本语境下的"国家主义"

安倍对"国家"的重视毋庸置疑，其政治主张多紧密围绕"国家"或"日本"而展开。出版物方面，最重要的是近似于"政治自白书"的著述，名为《致美丽之国》，其新版本名为《致崭新之国》；自民党干事长时代，曾出版与冈崎久彦的座谈记录，名为《守护这个国家的决心》；2012年重新出任首相时，又与密友百田尚树出版座谈记录《日本哟，在世界中心骄傲地绽放吧》等。在其国会发言、政治演讲等各种场合更是每每提及国家、祖国、日本。在日本，指认安倍为"国家主义者"，安倍政权的政策为"国家主义政策"，"摆脱战后体制"为"国家主义路线"的意见屡见不鲜。[①]

[①] 例如2006年，日本民主党议员鸠山友纪夫在国会质询时表示将"与虚张国家主义、威权主义声势的安倍政权战斗到底"；再如日本学者五百旗头真在总结战后日本三条主要政治路线时，将安倍晋三实际所属的"岸（信介）派""岸路线"称为"传统的国家主义路线"。「国会論戦の詳報　2日の衆院代表質問から　民主党・鳩山氏ら3氏」,『読売新聞』2006年10月3日。五百旗頭真,『日米戦争と戦後日本』、講談社2005年版、第263—268頁。

(一) 日语中"国家主义"的内涵

政治学中的"国家主义",指的是一种为马克思主义所批判的政治思潮。《马克思主义哲学大辞典》的"国家主义"词条记载称:

> (国家主义是)宣扬抽象的国家概念和所谓的"爱国精神",维护剥削阶级的国家利益的资产阶级思潮。(国家主义)是狭隘民族主义的一种表现;认为国家为人类生存所必需,鼓吹"国家至上""民族至上",要求人们牺牲个人的自由、幸福,放弃斗争,服从剥削阶级的国家利益。(国家主义)宣扬"民族优胜论",认为"优等民族"有权统治"劣等民族"。[①]

前文对安倍评价中提及的"国家主义",日语为日文汉字的"国家主義"或片假名的"ナショナリズム"(Nationalism)。据战后日本政府编纂的《国家主义团体的理论和政策》《国家主义运动的概要》等书,日语中的"国家主义"解释为国家本位主义、国家中心主义,强调国家是社会生活和其种种现象的决定性要素以及唯一且终极的价值来源。所有个人、阶级或团体的价值和权利最终均来源于国家。因而国家权力绝对优先于任何个人、阶级或团体。国家是超越所有个人、阶级和团体的有机整体。在国家面前,任何个人或局部的权利都无法独立存在,且是随时可以牺牲的。

日本政治学者林癸未夫在《国家社会主义是什么》一文中谈道:

---

① 金炳华主编:《马克思主义哲学大辞典》,上海辞书出版社 2003 年版,第 282 页。

关于何为国家主义，其关键之要在于国家至上主义。国家第一义主义。个人的全部生活完全依存于国家，并且通过国家的统治而获得实现。因此对于个人而言，最优先的无疑应是为国效劳、增进国家的福祉、为了国家而互相配合。所有的个人欲望以及任何局部的利益都处于国家之下。因而为了国家无论何时都可将之牺牲。（个人）理应有如此觉悟。作为一介国民的政治、经济、学术等诸活动，并非为了个人、阶级以及任何其他的集团，乃都是为了国家，理应本着国家本位之念予以施行。这就是国家主义的理念。[1]

另一政治学者津久井龙雄对"日本主义"的剖析则如下：

日本主义的最高价值在于对于这一拥有悠久历史与传统的日本生命力的统一理想，在于处于现下的日本而饱享"生"的意义。不在于"国民大众"日常生活利害，更不在于其中一小部分拥有何种幸福观……当然日本主义也并不完全无视国民大众的利害。但为了国民充分地享有安宁的生活，必须充分实现国家与民族的使命。然而，这不意味着优先关注国民大众的生活利害，对于国家的生命、民族的理想的把握、发扬自然是要排在第一位的。两者之间有价值高低之差。[2]

上文中的国家社会主义和日本主义强调了日本式国家主义的不同侧面，但两者就"国家至上"的基本立场是一致的，其中的日本主义更是"日本民族优越论"的直白写照。由此可见，日本式

---

[1] 司法省刑事局編、『国家主義団体の理論と政策』、東洋文化社1971年版、第23頁。

[2] 内務省警保局編、『国家主義運動の概要』、原書房1974年版、第450頁。

国家主义具有国家主义的一般特征。

但从其释义看，日语中的"国家主义"更接近于英语中的"Statism"（国家主义），而不是"ナショナリズム"直译所对应的"Nationalism"（民族主义）。之所以会出现这一"误译"，实则是因为日本的国家主义与其民族主义高度相关，甚至在许多情况下是一体两面的关系，其原因多样，例如日本学者丸山真男认为，由于缺乏民主传统，日本的民族主义"早早地放弃了争取国民解放的使命"，而主要通过"国家"这一手段实现其目的，未能像英法等欧洲国家一样在个人向国家（利维坦）争取自由解放的过程中发挥作用。换言之，近代史中的日本民族主义主要是通过国家主义来实现的。时至今日，日本民族主义依然表现出强烈的国家主义倾向。此外，关于国家主义与保守主义（Conservatism）的关系。尽管不同的保守派别之间的理念可能千差万别，但其共同点在于强调现状、传统政治体制、既有价值规则等，反对人为的和激进的改革与革命。在日本，"国家"是既有社会制度的首要，因而也成为日本保守主义的中心议题和保守派政治势力的核心关切。日本学者中野晃一在《战后日本的保守主义——内务·自治官僚的轨迹》一书中谈道："若论及从战前延续到战后的日本统治思想以及制度的特征，那么通过以国家权威为基本的保守价值体系来整合国民这一点便是其中之一。"[1] 这句话实际上揭示了在日本国家认同构建的进程中，国家主义、保守主义与民族主义"三位一体"的关系。当代保守主义学者中西辉政更精辟地概括称，"保守之本正在国家"。[2]

综上所述，身为民族主义者，自诩为保守政治家的安倍倾向于

---

[1] 中野晃一、『戦後日本の国家保守主義——内務·自治官僚の軌跡』、岩波書店 2013 年版、第 VII – IX 頁。

[2] 「［談論］保守主義とは　中曽根康弘、中西輝政、舛添要一の3氏」、『読売新聞』2006 年 10 月 19 日。

国家主义就显得顺理成章。

(二) 日本国家主义的具体表现

国家主义与日本保守主义紧密相关。根据《国家主义团体的理论和政策》《国家主义运动的概要》等，战前日本国家主义思想和运动主要分为日本主义和日本式国家社会主义（即日本的纳粹主义）两大源流，是当代日本右翼思想的主要源泉。①

1. 日本主义

日本的国粹主义，指的是在近代以来西力东渐的外来强势文化面前宣扬日本文化与传统的独特性、优越性，鼓吹民族神话，要求对"日本精神"善加保持并发扬光大的思潮和运动。"皇道"是"日本精神"的核心；其主体主要来自古代并流传至今，但也部分经后人整理加工，由《古事记》等古籍记载的民族起源传说、天皇神子传说、历代天皇诏敕训诫等在内的民族神话系统，其实是一种基于日本民族神话系统的原始宗教信仰。日本主义之所以被归类为国家主义，是因为宣扬日本优越性究其根本仍是为了服务于整合国民、统治国家的需要。时任枢密院院长，在《大日本帝国宪法》（以下简称明治宪法）制定过程中发挥举足轻重作用的伊藤博文对此曾直言不讳地称，"今制定宪法，须先求我国之基轴。无基轴而政治任人民妄议时，则将政失其纲纪，国家亦随之灭亡……欧洲宪法政治……以宗教为基轴而深入人心，人心皆归一于此。然我国宗教之力尚微，无一可为国家之基轴者……在我国，应作为基轴者，独在皇室"。② 日本这种披着"皇国"外衣的国家主义形态，又称为"国体主义""皇国主义"或"天皇中心主义"，是战前日本极

---

① 司法省刑事局编、『国家主義団体の理論と政策』、東洋文化社1971年版；内務省警保局编、『国家主義運動の概要』、原書房1974年版。

② 春畝公追頌会编、『伊藤博文伝』、原書房1970年版、第614—615页。转引自臧佩红：《日本近现代教育史》，世界知识出版社2010年版，第80页。

端国家主义的主流形态。

2. 国家社会主义

一种"就反资本主义立场而言接近于社会主义，但相对于社会主义又脱离了马克思主义而偏向国家至上立场的意识形态"，①是"国家为了实现其目的而采取的手段"。② 其代表是日本法西斯理论家北一辉的"国家改造论"。在其《国家改造案原理大纲》中，北一辉宣称，要解决钳制日本发展的"国难"问题，必须由"具备法西斯献身精神"的军人通过暴力手段改造国家。其主张与日本法西斯运动中多发迫害、恐怖、政变事件有关。

（三）战后意识中的"国家主义"

在战后初期的对日政策中，盟军总司令部出于统治之便和日美关系的长远考虑，在其许可的官方历史叙事中区别对待了日本帝国政府与其治下的日本民众，将执行军国主义政策、发动对外侵略战争的责任交由日本帝国政府一力承担，使普通日本民众得以逃脱承担战争责任的重荷，反而有机会扮演本国政府的军国主义政策受害人的角色。这一历史叙事在导致日本社会对本国战争责任的普遍淡漠的同时，也造就了战后日本社会主流意识中的"国家"与"个人"（国民）对立结构，即佐伯启思所谓的"国家 VS 民主主义"的结构。③ 这种"国家"与"个人"的对立二分法渗透于战后日本各领域制度理念之中，再加上长期接受以美国为首的西方个人主义文化影响等原因，使得战后日本国民对于面向国家的"公"所应担负的义务相对淡漠，在国家权力面前守护个人权利的"私"

---

① 司法省刑事局编、『国家主義団体の理論と政策』、東洋文化社 1971 年版、第 30 頁。

② 司法省刑事局编、『国家主義団体の理論と政策』、東洋文化社 1971 年版、第 30 頁。

③ 佐伯啓思、『国家についての考察』、飛鳥社 2001 年版、第 179 頁。

意识则十分强烈。直至 2022 年，日本政治家桥下彻在与右翼政论家樱井良子围绕俄乌冲突的电视争论中，仍尖锐地指出"究竟是要求国家保护人民，还是要求人民保护国家，其出发点是根本不同的"。①

总而言之，战后对国家主义的批判在一定程度上造成了日本战后意识中存在对"国家"的"过敏"，亦即安倍所谓的"反国家主义"倾向。在现实舆论中更是存在"国家主义"概念使用的泛化。不排除有政治家的主张或言行因令人联想到战前的国家主义，而被不恰当地指称为"国家主义"（多为负面评价）。不可否认，当前日本舆论从"国家主义"的角度对于安倍政权及其"摆脱战后体制"路线的批评在一定程度上带有此类性质，并非事事准确，句句到位。但这类舆论反应至少表明安倍个人政见、安倍政权政策、其"摆脱战后体制"的政治路线都带有不容忽视的国家色彩，不仅突出"国家"与"个人"、"公"与"私"间的对立关系，并且表现出将价值重心明显置于前者的倾向。

二、安倍国家观的国家主义特征

"国家"在安倍的价值体系中具有突出的地位；其政治理念鲜明地表达出对上述"国家"与"个人"矛盾的警觉，具有毋庸置疑的"国家"偏好，致使其被战后日本主流意识识别为对立面，被指认为"国家主义"。不仅如此，安倍的国家观还表现出更多与战前日本国家主义的相似性。

（一）安倍国家观中的"国家至上性"

在《致美丽之国》中，安倍先是在第二章"自立的国家"中，

---

① 「橋下徹氏『政治家は国のため戦うべきと考えてる』櫻井よしこ氏『橋下さんはちょっと極端』」，『デイリースポーツ』2022 年 8 月 14 日。

举日本人绑架问题为例论证"国家是政治和安全保障基本单位",是实现国民基本人权的先决条件。安倍声称"保障个人自由的是国家;国家这些功能因外国的统治而失灵,纵使天赋人权也会受限"。① 显然,这是一种国际关系视角下的"国家"定义,是凭借以"外部威胁"面貌出现的"外国"为参照而建立的一种国家认识,强调国家构成中的主权要素,接近于国际法意义上的"主权国家"。安倍在此通过诉诸国家的功能性来解释国家的重要性,似乎在劝告读者将国家意识建构在"免受外国奴役和剥夺"的实用主义立场上。

然而,其国家观重点实则并不在此。安倍认为,即使抛开保护与被保护的功能,个人也不可能实现国家缺席下的"独善"。在第三章"什么是民族主义"中,安倍进一步讨论了国家在功能之外的意义。通过意大利裔美国人对于母国故土自发的维护之情、美国民众的国家归属意识等叙述,安倍阐释了他眼中国家认同之于个人自我认同的重要意义。"人只有归属于一个对象,才能确认自己的身份","选择归属,就必须作出决断","这一决断是对自己生存方式表示自信和责任的意识,亦是一种处世方式","考虑的不是利益得失,而是伦理规范",并且"选择了一个就必须舍弃另一个"。最后得出结论,"(个人)归属对象只能是国家","作为人的本来面目也就是其所归属的国家"。而那些对于自己国家没有归属感、认同感的人,他们的人生则是"黯淡无光的";进而明确本书第二章所说"若成为无国籍的人就不能生存下去",不仅指的是旅行便利等功能性价值,"其中包含的本质主题是对自己到底是什么人的一种身份确认"。② 显然,这里所谓的"国家"超越了"主

---

① 安倍晋三、『新しい国へ 美しい国へ完全版』、文春新書2013年版、第47—75頁。
② 安倍晋三、『新しい国へ 美しい国へ完全版』、文春新書2013年版、第79—113頁。

权国家"范畴而成为价值的终极权威,并且明确"个人伦理道德的实现有赖于对国家的归属和认同"。通过将个人的自我认同直接还原至国家层面进行讨论,安倍实际上赋予了"国家"远超"个人"的价值,宣称没有或被剥夺国家归属感的人甚至没有生存的能力。正是国家主义所谓的"国家为人类生存所必需"。[①]

为了加强说明强度,安倍进而提出"保护国家"的课题。"保护这个国家,实际上与保护作为自己存在基础的家族、守护作为自己存在记录的地域及其历史息息相关",并引用神风特攻队的例子对"奉公尽忠"的精神大加赞赏,称他们守卫的是"值得舍弃生命也要守卫的价值"。众所周知,神风特攻队是第二次世界大战末期日本执行自杀式袭击的飞行队,其任务是日本法西斯政府与军队在穷途末路下的困兽之举,更是日本挑起的对外侵略殖民不义之战最后的癫狂。历史对此早有定论。战后日本主流对其亦不乏反思。但安倍不仅对神风特攻队倍加推崇,更是选择这一疯狂事例来说明其在"国家"与"个人"之间的价值选择。相对于第二章的"国家保障个人",第三章的逻辑最终指向了"个人守护国家"。而安倍口中的"国家"虽然具有"家族、地域、历史"的面貌,但究其根本却是不分是非、不辨黑白的,对个人而言则是无条件、无选择的,亦即"抽象的国家"[②];因而安倍所谓的"为国牺牲"其实正是国家主义的。

总而言之,安倍对于其本人国家观的自述证明其并不满足于"纠正"日本战后意识中过度的"个人主义",更试图寻求社会意识重新向"国家本位"的国家主义立场"摆回"。

[①] 金炳华主编:《马克思主义哲学大辞典》,上海辞书出版社 2003 年版,第 282 页。

[②] 金炳华主编:《马克思主义哲学大辞典》,上海辞书出版社 2003 年版,第 282 页。

（二）安倍国家观的"日本（优越）性"

比照战前日本主义特征考察安倍国家观，可作为判断其国家主义虚实的另一标尺。正如前文所述，日本主义是战前日本式国家主义的主要形态之一。"日本国民的国家主义当然具备日本的特色，称之为日本主义。"①

首先，日本主义倾向于从文化、传统等角度认识国家。"国家并非一朝一夕造成的，乃是漫长历史的造物。因此具备了强烈的传统属性。"② 这也正是安倍所谓"拥有悠久历史的日本的风俗习惯和传统"，③ 或是"土地、共同体及其所处的文化、传统和历史"。④ 安倍眼中的"国家"首先是上述诸事物的代名词。

其次，日本主义描绘的国家形态呈现出"由家及国"的圈层结构。日本政治学者丸山真男在对战前日本式国家主义的批判中援引昭和年间日本国学家山田孝勇"大树年轮"的比喻，称这一国家结构为"纵轴（时间）的延长即圆（空间）的扩大"。⑤ 无独有偶，《致美丽之国》中对"国家"的描述亦呈现出与日本主义高度相似的"同心圆"结构，即从对家族的爱衍生出对乡土的爱，对乡土的爱又衍生出对国家的爱，以同心圆的形态逐层向外扩展，最终到达国家层面。国家也就是这种圈层结构的最高层级。上文亦曾提及，国家主义将国家视为其治下所有部分，亦即其内在的"府

---

① 司法省刑事局编、『国家主義団体の理論と政策』、東洋文化社1971年版、第24—25頁。
② 司法省刑事局编、『国家主義団体の理論と政策』、東洋文化社1971年版、第24—25頁。
③ 安倍晋三、『新しい国へ　美しい国へ完全版』、文春新書2013年版、第100頁。
④ 安倍晋三、『新しい国へ　美しい国へ完全版』、文春新書2013年版、第100頁。
⑤ [日]丸山真男著，陈力卫译：《现代政治的思想与行动》，商务印书馆2018年版，第21页。

县、市町村等地缘社会，家族、氏族、民族等血缘社会，政党、会社、组合、寺院、学会等诸团体"①各种形式的社会生活及其中包括的种种社会现象等构成的有机整体，对团体的归属和情感必然指向，并从属于对国家归属和情感。正是"我们热爱自己的家族，进而热爱自己的祖国"。②显然，安倍对于国家形态的理解符合日本主义的这一特征。

此外，天皇论同样是安倍的国家观中不可缺少的组成。战前，上述层层嵌套的圈层结构使得日本帝国最终呈现以皇室为中心的家族国家的形态。"天皇亦即日本国家本身"，③这种对天皇与日本国家一体化的认识又被称为"国体论"或"日本（皇道）主义"。《致美丽之国》中，安倍阐述自己的天皇观称，"日本的历史是以天皇为经线织就的巨大织锦。展现日本国家风貌的主脉络就是天皇制""天皇在成为象征天皇之前，就已经是日本国的象征了"。安倍重视天皇的"万世一系"，认为日本皇室能持续千年，"堪称人类历史奇迹"，④并在这个意义上明确反对女系天皇。因为女系天皇将会对日本民族这一"壮美织锦"造成不可挽回的破坏。⑤其"皇国"倾向呼之欲出，与战前日本的"皇国化"的国家主义——日本主义的相似性难以遮掩。

---

① 内務省警保局編、『国家主義運動の概要』、原書房 1974 年版、第 449 頁。
② 司法省刑事局編、『国家主義団体の理論と政策』、東洋文化社 1971 年版、第 24 頁。
③ 司法省刑事局編、『国家主義団体の理論と政策』、東洋文化社 1971 年版、第 24 頁。
④ 安倍晋三、『新しい国へ　美しい国へ完全版』、文春新書 2013 年版、第 105—110 頁。
⑤ 安倍晋三、『軌跡　安倍晋三語録』、海竜社 2013 年版、第 79—93 頁。

三、"摆脱战后体制"路线的指向：安倍的理想国家图景

安倍国家观的国家主义属性特别在其"理想日本图景"中表现得淋漓尽致。这一理想国家图景同时也是"摆脱战后体制"路线希望达成的目标。

2006年，在第一次安倍政权起步的施政演说中，安倍完整描绘了自己心中的"美丽日本"的理想国家图景。"美丽日本"具备以下四个特征：

> 第一，这是一个重视文化、传统、自然和历史的国家。
> 第二，这是一个以自由社会为基础，遵规守纪的有尊严的国家。
> 第三，这是一个面向未来、充满活力、可持续发展的国家。
> 第四，一个拥有领导力、受世界信任、尊重和爱戴的国家。[1]

综合这段演讲引文，以及首相官邸之后开设的"建设美丽之国推进室"所做的具体工作来看，安倍心中的理想国家是一个兼具"日本性"和"强国性"的日本。一是"日本式的日本"，在发展的同时维持传统日本的精神特质，直接反映在特征一。"建设美丽日本推进室"面向日本公众征集"你心中美丽日本的特征"

---

[1] 安倍晋三、「第165回国会における所信表明演説」、首相官邸サイト、https://warp.ndl.go.jp/info：ndljp/pid/244428/www.kantei.go.jp/jp/abespeech/2006/09/29syosin.html。

问卷调查的分析报告显示，其他特征其实也可以有"日本性"的解读。① 国家主义者认为，历史、文化和传统等是"国家"真正内涵以及价值所在。在《致美丽之国》书中，安倍正是通过阐述包括天皇制在内的日本民族与文化的"优秀特性"来诠释民族主义的价值，进而呼吁在日本的国土及文化中自然地培育对国家的感性，"守护乡土与祖国"。二是综合国力上的世界一流强国，直接体现在特征四，同时也是其他特征的结果。大国主义原本就内在于国家主义的逻辑中。"我们因热爱自己的家族而热爱自己的祖国；因热爱祖国而自然期盼国家的发展进步。这一意识也正是国家主义"。② 在《致美丽之国》第二章"自立的国家"中，安倍阐述了日朝两国在日本人绑架问题上围绕外交主导权的斗争、国家对于国民个人权益维护的不可替代的重要作用、在东京审判和靖国神社等问题上坚持本国立场，共计三方面内容，描绘了一个在对外交往中有意愿、有能力维护国家利益的"自立之国"形象，其大国、强国意愿呼之欲出。在安倍心中，只有兼备"日本性"和"强国性"，才是"美丽的""令人感到自豪的"以及"光辉万丈的"理想日本。

综上所述，作为由国家主义者提出的，以国家主义国家观为背景，旨在建立符合国家主义特征之国的政治路线，"摆脱战后体制"路线的国家主义色彩毋庸置疑。

本章小结

日本保守政治家安倍将其政治生涯黄金阶段的许多精力投入了

---

① 内閣官房「美しい国づくり」推進室、「「美しい日本の粋」の最終取りまとめについて~日本の"らしさ""ならでは"は一人ひとりの内面や日常の行動にある~」、https://www.kantei.go.jp/be-nippon/archive/release_0921.pdf。

② 司法省刑事局編、『国家主義団体の理論と政策』、東洋文化社1971年版、第24頁。

「"摆脱战后体制"——日本安倍晋三政权的路线及实践」

"摆脱战后体制"这一所谓"日本（政治）的最大课题"。①"摆脱战后体制"不仅是两次安倍政权的政治方针，同时也被外界视为"安倍路线"的代名词。即使在自民党下野时期，以安倍为代表的右翼保守势力也始终拒绝放弃这一路线。"摆脱战后体制"的本质是安倍所提出的关于日本国家存在与发展的整体方略，旨在推动日本"国家""摆脱战后体制"束缚，同时也是以国家主义为基本立场的政治路线。

---

① 安倍晋三、『新しい国へ　美しい国へ完全版』、文春新書 2013 年版、第 254 頁。

第二章 "摆脱战后体制"路线的历史溯源

"摆脱战后体制"路线虽出自安倍，但其国家主义的内核至少可追溯到幕府末期。国家主义及其极端形态——"极端国家主义"（或称"超国家主义"）是战前日本国家体制背后的主流意识形态，作为日本发动侵略战争的思想因素在战后民主化改革中被否定；但国家主义脉络却并未断绝，而是潜伏于保守阵营内部并延续至今。战后继承这一脉络的代表性人物是日本保守政治家岸信介。战后，从关押战犯的巢鸭监狱重返政坛的岸信介以对战后体制的异议及抵制为基础展开自己的政治主张。这些主张后被归纳为"岸路线"。遵循该路线的政治家在各个历史时期不断发起对"战后体制"的各类挑战。从而与奠定"战后体制"基础的"吉田路线"[1]形成对比竞争。保守阵营内的这两大路线又分别对应"保守主流"（吉田派）和"保守旁

---

[1] 所谓"吉田路线"一般被概括为"重经济、轻军备"路线。狭义上，该术语通常在战后日本对外政策路线的含义上而被使用。但吉田茂所代表的政治理念乃至手法显然并不限于对外领域，而是涉及整个国家的发展道路问题。从这个意义上而言，可以认为广义上的"吉田路线"指的是战后保守主流政治势力所代表的日本国家的发展道路或政治路线之一，亦有人从体制层面将其称为"吉田体制"。鉴于与研究对象之间的适配性，非经特别说明，本书将采取"吉田路线"的广义解释。

流"（岸派）两大政治势力。① 其中，"摆脱战后体制"路线继承的无疑是岸信介的衣钵。

第一节 近代日本战略思想中的国家主义传统

一、战前日本极端国家主义的源流

幕末时期，西方侵略者的船坚炮利在远东激发了中、日等国朴素的民族主义。在"攘夷"求存的迫切需求下，1871年日本派出岩仓具视使节团访问欧洲。经过仔细的考察对比，最终选择效仿德、奥两国，将国家主义作为治国之道的政治理论基础引入日本。以此为指导，日本发起了明治维新运动，开启了政治和社会近代化的进程，建立了近代国家体制。

在对战前日本国家体制进行分析批判时，一般将其称为"极端国家主义""超国家主义"或"法西斯主义"，有时则因着重其穷兵黩武、对外扩张的一面而将其称为"军国主义"。作为一种思想理论，国家主义最早起源于13—16世纪欧洲大陆民族国家君权与神权斗争的过程。在众多欧洲国家中，德、奥、意等国最终走上了由封建中央王权主导，以加强中央集权，开展王朝战争为主要方式的民族独立道路，诉诸国家主义达成民族主义的诉求。事实上，无论东方、西方，民族主义都是近代国家意识和国家体制萌发的常

---

① 在左、右社会党合并的压力下，1955年日本政坛两大保守党——原自由党和原民主党合并，成立"自由民主党"，简称"自民党"。以对战后日本政治的影响力高低之别为主要依据，新政党内原属于自由党源流的政治势力被称为"保守主流"，同时也是战后日本主流政治势力。相应地，原属于民主党源流的政治势力则被称为"保守旁流"。

见根源。然而，基于日本民族主义背景的日本式国家主义，不仅不同于同一时期、同一地域的中国，而且也不同于后来同样将国家主义推至其极端状态的德、意法西斯，而是展现出本国、本民族的独特面貌。日本政治学家丸山真男认为，德国纳粹主义和日本军国主义尽管都具有"对内压制、对外扩张"的法西斯主义形态，但精神动机则有着微妙的不同，足以将两者区分。所谓的"精神动机"亦即民族主义。① 因此，分析其民族主义根源显然是探寻战前日本国家体制基本逻辑的有效途径。

丸山真男在分析诞生于日本近代民族主义背景下的日本法西斯时认为：由于主导权掌握在以天皇为中心的旧特权阶层手中，并且因为社会中原有的民权基础（民主主义传统）即使相较于欧洲中后进的德、意等国都远为逊色，日本近代国家主义的演化过程表现出明显的"自上而下"的特点。由北一辉等法西斯思想家、"任侠右翼"等社会底层法西斯团体和中下层青年军官发起的诸如"二二六事件"② 等"自下而上"的法西斯运动，在"九一八"事变达到顶峰后很快被国家整体的法西斯运动所吸收；并且从其实际发挥的作用看，这些过激分子"一次都不曾发展成为足以支配国家主义运动的势力"，其行动不过是为"身穿礼服、勋章挂满胸前的绅士高官"的到来扫清道路而已。③ 实际主导日本国家主义运动的旧特权阶层所关心的始终仅仅是从其自身利益出发对既有特权进行维护和扩大，也就是如何保住相对独立的日本政治权力，并使日本跻身列强行列。

---

① ［日］丸山真男著，陈力卫译：《现代政治的思想与行动》，商务印书馆2018年版，第6、150—151页等。

② 1936年2月26日发生于日本的一次失败兵变，同时也是20世纪30年代日本法西斯主义发展的重要事件。

③ ［日］丸山真男著，陈力卫译：《现代政治的思想与行动》，商务印书馆2018年版，第212页。

由于"落后领导阶层"和"民主启蒙缺失"等条件在同时代的东方国家普遍存在,丸山真男引入中国作为另一比较对象。

丸山真男认为,在同时代的中国,由于早期主导近代民族主义运动的旧特权阶层乃至后来的民族资产者都在对外斗争中迅速落败,甚至为了维护本群体的权利堕落为与外国势力勾结的"买办阶层",从而失去了对民族主义运动领导权的垄断,并推动中国的民族主义运动走上将救亡图存与社会革命结合在一起的、反帝反封建的民族解放道路。中日之间还有另一处重要不同:日本通过明治维新不仅成功抵御了来自西洋的外辱,并且在短时间内取得了国力的巨大提升,成为列强中的一员。这同样是两国民族主义运动指向侵略扩张与反侵略这一截然不同方向的重要原因。巨大的成功加强了日本迈向帝国主义的正当性,从整体上对日本国家主义运动产生了重大影响。丸山真男称,正是因为被"国家振兴"所"催熟",日本近代民族主义在保留了近代诸多落后属性的基础上,跳过资产阶级民主主义阶段,直接与"近代民族主义发展至末期的变异形态——帝国主义"相结合。对于本质上缺乏主体性和自主意识的日本民众而言,未经健全的民主主义阶段,而由国体教育"高效促成的国家意识在连续的对外战胜和帝国主义膨胀下不断得到加强",作为"自我感情投射的日本帝国的这种膨胀自然地作为自我的扩张而得到狂热的支持"。

就这样,帝国主义化的日本式国家主义,亦即日本法西斯主义成为从上到下,从官方到民间,横贯社会的整体。"究竟谁是右翼?除了极少数异端者以外所有人都是!前文所列举(右翼)的主张和倾向在政界、实业界、教育界等各种领域的党派和团体中广泛地蔓延,尤其为他们的领导者所信奉。"[①] 极端国家主义的意识

---

① [日]丸山真男著,陈力卫译:《现代政治的思想与行动》,商务印书馆2018年版,第206页。

形态于当时日本社会的泛滥状况由此可见一斑。

综上所述,由于本民族缺乏民主传统,打倒德川幕府而掌握了统一国家政权的"维新"政府本身来自旧特权阶级却取得了明治维新巨大成功,日本近代民族主义"早早地放弃了国民解放的使命",在法西斯化国家机构的推动下,将其目标集中于偏狭的"富国强兵"之上,构成了近代日本国家战略的主基调,生成了带有日本特色的"对内压制、对外扩张"的法西斯体制。而随着日本接连在甲午中日战争、日俄战争等对外重要战争中取胜,又经"二二六事件"后全面整肃军纪,日本法西斯运动走向全盛期,压制了下层激进法西斯分子的叛乱,完全走上了由国家机构领导控制的"正规化"道路。言论与思想管控政策全面收紧,同时整体社会氛围中的战争狂热亦日益高涨。从知识分子到小学教员,无不投身于对外扩张、攻城略地的狂热之中,发自内心地成为极端国家主义的拥趸。除了少数因坚持己见以至于锒铛入狱的日本共产党人外,自由主义、左翼进步主义等其他竞争性思想的立足空间几乎丧失殆尽,极端国家主义则成为主流战略文化。

二、极端国家主义在战后的失势与留存

(一)战后美国对日改造及其反动

1945年7月26日,中美英三国政府联手发出催促日本投降的《波茨坦公告》。1945年8月15日,日本裕仁天皇对全国广播,宣布接受《波茨坦公告》,以无条件投降的方式结束战争。1945年9月2日,日本帝国政府派重光葵、梅津美次郎代表天皇和政府正式签署投降书,宣告日本作为国家在第二次世界大战中战败。

《波茨坦公告》第6条明确宣示:"欺骗及错误领导日本人民使其妄欲征服世界者之威权及势力,必须永久剔除。盖吾人坚持非将负责之穷兵黩武主义驱出世界，则和平安全及正义之新秩序势不可能建立。"又据《波茨坦公告》第 7 条，① 日本投降后，美国以盟军名义对其实施单独占领，并以《波茨坦公告》精神为指导，对日本国家体制进行民主改造。至少在初期，这一改造完全否定了战前日本法西斯主义体制，致力于铲除极端国家主义生存土壤、扫清军国主义残余势力，同时导入美式自由主义等意识形态，确立了从宪法到《教育基本法》，从中央到地方等较为完整的"国家基本框架"，以"保证日本不再成为世界和平与安全之威胁"，尤其是不再成为美国的威胁。对日本而言，改造的本质其实就是在美国这一外力强制下完成国家体制转换。京都大学教授佐伯启思认为，这一改造具有"近似革命"的性质。②

在此过程中，作为战前国家主流意识形态的极端国家主义从精神上到组织上都遭受了沉重的打击。1945 年 12 月 15 日，盟军总司令部向日本政府发出《关于废除政府保障、援助、保全、监督及弘布国家神道、神社神道的文件》，亦即"神道指令"，宣布排除军国主义，确立宗教信仰自由，废除政教合一的国家神道。次年 1 月 1 日，日本昭和天皇在盟军总司令部的要求下发布《人间宣言》，自行否定天皇的神格。其后，盟军总司令部又接连发布《关于开除不宜从事公务者公职之件》《关于废除若干政党、政治结社、协会及其他团体之件》等指令。根据盟军指令，日本政府制定了相应的整肃文件，强行解散右翼社团，将右翼军国主义分子大规模地驱逐出从政府到学校等各个公共领域。据日本学者堀幸雄统

---

① 《波茨坦公告》第 7 条规定："直至如此之新秩序成立时，及直到日本制造战争之力量业已毁灭而有确实可信之证据时，日本领土须经盟国之军队予以占领，俾吾人在此陈述之基本目的得以完成。"其中的"新秩序"指上一条所称"和平安全及正义的新秩序"。

② 佐伯啓思、「保守の矛盾を体現した政治家」、『中央公論』2022 年 9 月号、第 34 頁。

计，截至1948年5月盟军总司令部停止对个人战争责任的追究，共有71万人被列为"解除公职"审查对象，其中实际被解除公职者达21万余人，同时还从各级学校驱逐了11万多名职业军人和军国主义分子。同时，截至1951年12月，共解散右翼团体233个。[①] 此后，又于1946年5月3日至1948年11月12日，召集远东国际军事法庭，审判法西斯战犯。但随着冷战的到来，特别是国民党蒋介石政权在中国大陆地区的失败，美国转变战后初期民主化和"非军事化"为主旨的对日政策，重新将日本武装成其远东反共军事战略堡垒。肃清日本极端国家主义的行动不仅戛然而止，甚至还出现了倒退。

1948年5月26日，美国国务院向国家安全保障会议提出《关于美国对日本政策的建议》，以重建日本经济"急需人才"为由，明确提出解除"开除公职令"；1952年，随着美国主导下对日片面媾和的《旧金山和约》生效，"开除公职令"正式解除。一大批原被剥夺公职，乃至锒铛入狱的军国主义者堂而皇之地回归社会公共生活，甚至重新参加政治活动，其中就包括安倍的外祖父，甲级战犯岸信介。

（二）战后国家主义对战前的继承

岸信介来自日本山口县。历史上，这里被称为"长州藩"。来自山口县的政治家族是近代日本史上一股重要的政治势力，曾是推动明治维新的主要力量之一。安倍外祖父岸信介的曾祖父佐藤信宽就和维新运动的精神领袖吉田松阴有交往。明治维新变法成功后，该势力顺理成章地在国家政治生活中获得了极大权力，重臣名相辈出，在日本产、经、学各界高层，尤其是政官系统中拥有绵密的人

[①] 堀幸雄、『戰後の右翼勢力』、草書房1983年版、第9页。转引自孙立祥《战后日本右翼势力研究》，中国青年出版社2013年版，第54页。

脉，成为后续政治家们从政的强大资本。

　　此类活跃于旧体制之下的政治势力从根本上与战后新体制格格不入。事实上，除了少数个例，岸信介、安倍晋太郎、安倍晋三等山口县主流政治家群体整体上深受国家主义思想的影响，在对于战前国家主义的批判上有所保留。战后，岸信介回忆自己在东京帝国大学期间的思想倾向时就大大方方地表示，"我对于上杉（慎吉）先生极端的国粹主义虽然并不满意，但心情上是倾向于国粹和保守的，对美浓部（达吉）博士、吉野博士等实难表同感"，"此外我还曾同铃木丰、石井康等人一起，听过大川周明博士、鹿子木员信博士的报告，到中达犹存社拜访过北一辉"[①]。自吉田松阴，经上杉慎吉，到岸信介，实际上就是战前军国主义从思想、经法理、到政治的发展历程。诸如岸信介这样的旧势力重获自由后，立即于20世纪50年代发起了对新体制的第一波攻击。其后更作为自民党内的"岸路线"，亦即保守阵营内的"旁流路线"延续至今。至安倍晋三一代仍对吉田松阴及幕末维新运动推崇备至，其反复阐述的"战斗型政治家"等政治理想理念，无不可窥见吉田松阴国粹思想的影子。这表明战前日本国家主义（乃至部分极端国家主义）成功逃脱战后清算，借由政治理念、人脉关系等得到传承。

第二节　战后体制的建立及"反战后"动向的流变

　　战后，根据《波茨坦公告》第6条在清除极端国家主义或军国主义势力之后建立"和平安全及正义的新秩序"的宣示，日本

[①]〔日〕岸信介、矢次一夫、伊藤隆著，周斌译：《官场政界六十年——岸信介回忆录》，商务印书馆1981年版，第6页。

在占领当局的监管下全面重构了其国家基本框架，逐渐形成了新的统治秩序。在战后首个长期政权——吉田茂政权主持下，日本放弃以国权发动对外战争的权力，以部分主权让渡换取美国对日本安全的承诺，同时在经济上融入西方阵营国际分工体系，集中力量进行经济建设，从而实现战后复兴。这一国家发展路线在池田勇人政权时期被总结为"吉田路线"。与此同时，由于对极端国家主义意识形态及其势力清除不彻底，战后新统治秩序在建立当下及以后都遭到了国家主义者的反对抵制，在战后日本形成了绵延不绝的"反战后"活动，催生了相应的"反战后"思想。这种"反战后"思想及活动构成了"摆脱战后体制"路线的知识来源。本节将对此进行详细梳理。

一、"反战后"活动主要活跃时期

（一）占领结束初期（20 世纪 50 年代）：抵制战后新秩序

战后美对日占领期间，以吉田茂为首的一批战后政治精英获得拔擢，代替美国占领当局行使国家统治职能，建立新统治秩序。这成为战后日本国家体制的雏形。占领结束后，日本政府重新取得国家控制权。初期，吉田政权所代表的这一新统治秩序尚未稳固就遭遇到了反对浪潮，并因此有一时之后退。彼时，国际形势因冷战大幕的拉开迅速发生变化。岸信介、鸠山一郎等"战前派"政治家以民族主义者的形象回归政坛，强烈抵制彼时根基尚浅的战后新统治秩序，并以"反吉田"为核心酝酿政界重组。在国内外形势的助力下，发起反"战后体制"的第一波公开冲击。

大批战前政治精英随着美国对日政策的转换而回归政坛，使得日本政治版图发生重大变化，形成"战前派"与"战后派"新旧两股政治势力分庭抗礼的格局。以"日本战败"历史节点为界，新旧两股政治势力的基本立足点截然不同。"战前派"从民族主义立场批判吉田政府及战后体制，攻击吉田政府为"波茨坦体制派"，是"占领军的治安维持机构""代理人政府"，"必须要在占领结束后的日本政界重组时予以排除"①。与之相反，"战后派"政治势力的权力则建立在对战前日本政治的否定之上，采取维护战后出现的新政治生态的姿态。"战后派"政治家代表之一的池田勇人曾不无忧虑地表示，"在吉田的领导下日本事实上已经确立了新的国家体制，若此时任凭之前受到开除公职处分的人横插一杠的话，恐将导致（执政）党内混乱"②。

双方围绕占领结束后的政治体制构建及领导权展开激烈斗争。彼时，战后长时间垄断国家大权的吉田政权进入其执政末期，逐渐失去民意支持。"旧金山体制"下美国占领军与日本人民的矛盾则不断累积发酵，相继发生了席卷全国的反对美军基地运动、反对美军氢弹核弹试验运动等。对美民族主义显著抬头，要求彻底推翻美对日的占领体制，寻求对美民族自立。因为被视为占领时期的政治象征，吉田政权进一步遭到冲击。内阁支持率从 1951 年 9 月的 58% 猛跌至 1952 年 3 月的 33%。时代整体呈现鲜明的"反吉田"主题。部分回归的"战前派"人物受到了民意出于"反吉田"立场的一定的欢迎，对加剧时局混乱起了推波助澜的作用。据岸信介回忆，1955 年其陪鸠山一郎到全国各地游说时，迎接的人群将车站挤得水泄不通。③ 而作为"战前派"中的实力人物，岸信介在本轮以"反吉田"主题为牵引的中央政坛重组中发挥了重要作用。

---

① ［日］岸信介、矢次一夫、伊藤隆著，周斌译：《官场政界六十年——岸信介回忆录》，商务印书馆1981年版，第70页。

② ［日］岸信介、矢次一夫、伊藤隆著，周斌译：《官场政界六十年——岸信介回忆录》，商务印书馆1981年版，第65页。

③ ［日］岸信介、矢次一夫、伊藤隆著，周斌译：《官场政界六十年——岸信介回忆录》，商务印书馆1981年版，第79页。

1953年11月第20届临时国会，民主党联合左右社会党提出内阁不信任案，成功逼迫吉田内阁总辞职，结束了战后吉田政权的长期统治。次年，鸠山一郎政权成立。1955年，"保守合流"实现，自由民主党成立。岸信介出任自民党干事长。在党内高人气领袖鸠山一郎、石桥湛山等身体抱恙的情况下，岸信介事实上掌握了自民党的人事、党章制定等核心权力。对于此事，岸信介曾回忆道，"对于我充任自民党干事长一职，宛如是理所应当、自然而然、不需要讨论一样就决定了"①。其地位之关键毋庸置疑。

经过斗争、分裂与重组，日本中央政坛最终于20世纪50年代中期形成了以"保—革对立"为主要特征的政治格局，即所谓"55年体制"。这一格局在之后稳定长达数十年，直至20世纪90年代方才瓦解。"55年体制"下，"战后派"与"战前派"的相互攻讦则被收敛于保守阵营内部，演变为"保守主流"与"保守旁流"两条政治路线之间的斗争。② 作为20世纪50年代本轮政坛重组中的保守阵营关键政治人物，岸信介的政见最终演变为"保守旁流"路线（又称"岸路线"）的基本立场。其核心在于修宪、推进自主国防、实现国家自立。自民党第1版党章即出自以岸信介嫡传弟子福田赳夫为中心的团队，忠实地反映了岸信介的政治主张。其"党的使命"和"党的政治纲领"明确宣示要推动包括"制定自主宪法"在内的"独立体制"，昭示了自民党的立党宗旨。③

---

① 田中秀征、『自民党本流と保守本流保守二党ふたたび』、講談社2018年版、第18頁。

② 革新阵营虽然亦属于战后政治势力，但其"社会民主主义路线"在战后的大部分时间里均屈居于政坛侧翼，主要起到如同西方民主社会主义党派一样从旁制衡政治主流的作用，并非本书关注的重点，在此不予赘述。

③ 「自民党の活動の礎である 立党宣言や綱領」、自由民主党サイト、https://www.jimin.jp/aboutus/declaration/。

（二）冷战末期（20世纪80年代）：战后政治模式转换意识初步发展

20世纪60年代初的安保斗争之后，"吉田门生"中的佼佼者池田勇人出任日本首相，提出"国民收入倍增计划"，成功平息时局，并一举将日本政治主题由外交安保切换至经济发展。其后，日本进入了经济高速增长的时代。社会财富的快速增长和国民生活水平的大幅提升，无形中构成了支撑新统治秩序的深厚社会基础，并使之逐渐稳固为战后日本国家体制。之后的日本政权大多延续了吉田的政治路线，连佐藤荣作、福田赳夫等与岸信介私人关系密切的首相都与"岸路线"保持距离。但在此期间，制定于岸时代的自民党党章并未更改。这表明"反吉田"与"反战后"一脉始终作为暗流在自民党内得到延续，经20世纪70年代的酝酿准备，在20世纪80年代以"战后政治总决算"的形式再次抬头。

20世纪70年代开始，因与苏联的冷战进入新一轮对峙阶段，自身又陷入越南战争的泥泽，美国对作为远东堡垒的日本提出了更多的安全要求。就日本自身而言，由于本国在世界经济中的地位快速上升并于1968年实现经济总量超越联邦德国，成为资本主义阵营第二大经济体，日本的大国意识从此时显出端倪，到20世纪80年代则发展成为席卷朝野官民的社会思潮。从这一时期的相关民调中，能感受到民众中普遍存在的"日本优越意识"，出现了不再满足于战后体制的既有安排、谋求扩大本国国际影响力的声音，要求"毅然地对待亚洲诸国"，同时也"向美国说不"。持修宪论者逐渐增加，而所谓"宪法落后于国际形势的发展"成为赞同修宪的主要原因。1972年，自民党公布本党首个"修宪大纲草案"。但与此同时，在两次石油危机的打击下，日本经济结束了始于1946年的年均10个百分点以上的高速增长，转入平稳增长的时代。其间，经历了1974年和1977年两次萧条。尤其是1974年，日本经济出现了战后首次负增长，造成了一定的社会混乱局面。危机促使日本社会提出"出路何在"的疑问。

在大国意识与危机意识的共同作用下，调整转换战后以来的政治运作模式成为政界乃至社会的共识。1971年，时任"保守主流"主要派阀宏池会会长的大平正芳率先提出"战后总决算"的概念；1974年，三木武夫在其施政演说宣布将开始"对百年明治制度进行审查"；1979年，出任首相的大平正芳在施政演说中再提"不能忽视自我改革，必须准备好有效地回应时代的要求"。必须承认，大平正芳的"战后总决算"从性质或方向上不同于中曾根康弘的"战后政治总决算"，但其中的"转变"意识无疑是相通的。① 沿此脉络发展，1980年6月接替突然去世的大平正芳出任首相的中曾根康弘提出了"战后政治总决算"的政策目标。

（三）后冷战时代（20世纪90年代至今）：加速摆脱战后体制，迈向政治大国

20世纪末，冷战以苏联解体的戏剧性方式突然结束。两极格局的崩溃在世界范围内成为时局变动的总背景，同样也于日本引发了一系列连锁反应：总体战略环境上，日美同盟在苏联解体后失去目标，面临"再定位"问题，同时日美贸易摩擦加剧，同盟内部矛盾上升。战后以来，日本完全依附于美国的国际战略而忽视本国战略判断的旧模式难以维系，提升战略自主性的现实需要日益紧迫。内政领域，战后把持日本国家大权40余年的自民党因贪腐丑闻失去民心，以批判传统自民党政治为契机，战后日本政坛酝酿新一轮的势力重组。社会整体氛围亦呈现出相应的混乱。和平与和解的进步主义在20世纪90年代达到新高潮后，迅速随左翼失势而转

---

① 初濑龍平、「『戦後総決算』の一考察　中曽根時代とその後」、『京女法学』第1号、第27—49頁。

衰。社会心理经摇摆后逐渐走向内向和封闭，至世纪之交时已呈现整体保守化趋势。以漫画家小林善纪美化侵略战争的《新战争论》大卖、《教科书中绝不会教授的》畅销等为代表，亦出现了一股以反"历史自虐"、鼓吹右翼民族主义史观为特征的新国家主义思潮，在历史问题上牵制"赎罪"与"和解"的进步主义政策，冲击战后和平主义。

从体系到内政，日本战后体制在多方面的前提条件均在不同程度上发生了变化。战后"保守主流"路线陷入困境，国家主义的"保守旁流"路线则迎来了大好时机，变革成为时代主题。在新一代国家主义者的积极推动下，日本加快了脱离"战后体制"的步伐。

二、"反战后"活动代表性事件

在战后至今与体制的持续对抗中，下列事件被公认为诸多"反战后"活动中的标志性事件或重要动向，集中反映出"反战后"活动的部分特质。

（一）1951年版《日美安保条约》改订

鸠山一郎、岸信介等人的修宪主张在提出伊始就遭到革新势力以及战后主流民意的强烈反对，并未掀起太大声浪。虽然岸信介政权在政权公约中明言将推动"自主制定宪法"，设立宪法调查会，并于1957年召开宪法调查会第一次全体大会，但因全体社会党党籍议员抵制出席，未能取得实质性成果。在整个20世纪50年代中，对于战后体制的正面突破主要发生在旧《日美安保条约》上。

吉田政权时期，日本于1951年与美国签署的《日美安保条约》及相关行政协定保留了较多体现同盟间不平等，甚至损害日本主权的条款。例如未规定美国对日的防卫义务、未规定条约的有效期限，相反却明确提出，美军出于维持远东和平与安全目的，（非经与日本政府事先协商）可使用在日军事基地，即"远东条款"；又规定美军可根据日本政府的请求出面镇压日本发生的暴动和骚乱，即"戡乱条款"。在民族主义者看来，旧《日美安保条约》无异于美国对日的"驻军协定"，是占领体制的延长。1952年成立的改进党、1954年成立的民主党都曾明确主张修改旧《日美安保条约》。同时，在社会生活中，驻日美军在日本各地为非作歹的种种暴行亦早已引起日本民愤。日本社会要求修改乃至废除1951年版《日美安保条约》的呼声十分高涨。具体推动这一政治议题的正是岸信介政权。早在其作为石桥湛山内阁的外交大臣时，在记者招待会上就提出过所谓的"外交五原则"，其中包括"强化对美外交"，在其后的外交演讲中又发展为"日美关系合理化"，事后证明所谓的"日美关系合理化"。1957年2月25日，岸信介接任中风病倒的石桥湛山成为日本首相，次月即直接会见了美国驻日大使，并公开宣布将重新研究安保条约问题。4月19日，岸信介在国会答辩中称"全面检视安保条约和行政协定的时刻到来了。（我）将在访美时坦率地和对方谈这件事"，并且在6月打着"日美新时代"的旗号见了艾森豪威尔总统，为修约争取美方谅解。

　　岸政权的上述动向遭到了国内以社会党为代表的革新势力的强烈反对，凸显了双方之间的分歧。社会党尽管也批评旧《日美安保条约》的不平等性，但要求直接废除条约。国民中亦有意见担心新条约将使日本被更紧密地绑定在美西方阵营的战车上，甚至被卷入美方的战争。但这些反对声音丝毫未动摇岸信介的决心。1960年1月，岸信介亲率代表团赴美签订新《日美安保条约》，用于取代1951年的旧条约。同年5月，新条约在国会强行表决通过，引发反对条约的大规模群众斗争。在席卷日本的"安保斗争"之中，岸信介内阁辞职下台，但并未改变新条约生效的事实。相较于1951年的旧条约，新条约在明确条约期限和美对日防卫义务、废除"远东条款"和"戡乱条款"、明确条约与《联合国宪章》的关系等诸多领域向同盟内部平等的方向大幅跃进,从而向岸信介眼中的"结束吉田代理人体制"迈出了重要一步。

(二) 美国将冲绳地区施政权移交日本[①]

战后体制下,日本领土范围实际上处于相对模糊的状态,与周边中韩朝俄等国均在不同程度上存在领土争议。原琉球王国领土,现冲绳县(及鹿儿岛县下辖的奄美群岛、吐噶喇列岛)是其中最大的一块。鉴于琉球群岛作为美国西太平洋防线战略要地的军事价值,1945年"冲绳战役"后,美国参谋长联席会议很快决定将包括冲绳在内的琉球诸岛从对日占领区中单独划出,置于美国军事力量的直接控制之下。在乔治·凯南的斡旋下,参谋长联席会议与美国务院达成一致意见,搁置1941年《大西洋宪章》中"不追求领土或其他方面的扩张"原则,在适当的时机攫取该地区控制权,并以国际条约等形式将之稳固下来。1951年,对日片面媾和的《旧金山条约》在美国主导下正式签署。其中第2章第3条规定,日方接受任何将包括琉球群岛在内的部分离岛交于联合国托管制度之下,且"美国为唯一管理当局"的提议,并且在美国提起及联合国最终通过相关"托管提案"之前,由美国掌握上述地区的施政权。这样,在缺少中、苏等同盟国方面主要大国同意的情况下,日美双方对于琉球群岛处置问题达成一致。1952—1953年,美方先后将吐噶喇列岛、与论岛以北的奄美群岛交给日本,编入鹿儿岛县。因此,实际上从战后直到1972年5月15日美国方将施政权交与日本为止,现日本冲绳县范围内的土地始终处于美方的军事控制之下。就日本政府立场而言,冲绳以"待托管"名义被占的事实并未随着本土占领时代的结束而结束,成为战后体制中有待解决的

---

① 日本一般称"冲绳回归"或"冲绳复归"。

遗留问题。1965年8月，作为战后首次访问冲绳的首相，佐藤荣作在那霸机场降落后发表了著名演说称，"冲绳不归，对我们国家而言战后就没有结束。"① 经交涉，日美于1971年签署了《冲绳返还协定》，并于次年生效。日本以3.2亿美元以及保留美军对冲绳军事基地使用权等为代价②"赎得"冲绳，并据此主张已就最大一块争议领土——冲绳的领土主权问题，获得基本解决。

（三）中曾根政权挑战战后安保体制的尝试

1979年，苏联入侵阿富汗，引发美苏间冷战新一轮升级。时任美国总统的里根很快针锋相对地提出了"星球大战"计划，对苏联采取强硬政策。日本对于美国在远东地区遏制苏联的战略价值凸显。与此同时，中曾根康弘出任日本首相。中曾根康弘上台后，立即着手修复此前因贸易摩擦和前首相铃木善幸"日美同盟不具备军事含义"等言论而受损的日美关系，推动双边关系在政治、安保领域大幅向前跃进。1983年1月中曾根康弘访美，发表"日美命运共同体""不沉的航空母舰"等言论，博得了以里根为首的美国政界和媒体的普遍好感。日美关系进入所谓的"罗·康"蜜月期。③ 配合对美外交活动，日本以在同盟内部承担更多对苏防卫责任为由，从美国引入P3C等多款先进武器，导致日本军费在1987年突破GNP 1%的上限。在自卫队海外活动方面，自20世纪80年代起，日本海上自卫队开始参加美国海军的环太平洋联合军事演习。两伊战争时期，中曾根康弘以曾经与里根总统约定为由，

---

① 「昭和39年12月1日～昭和47年7月5日　佐藤荣作总裁时代」、自由民主党サイト、https://www.jimin.jp/aboutus/history/5.html。

② 不包括秘密协定中"冲绳美国军事用地恢复费用（400万美元）""美国之音（VOA）海外搬迁费用（1600万美元）"等项目。

③ 中曾根康弘任日本首相、罗纳德·里根任美国总统期间，日美关系良好。这段时期也被称为两国关系的"罗·康蜜月期"。

提议向波斯湾派遣自卫队扫雷舰；其后又提议派遣海上自卫队或海上保安厅的船舶执行对日籍货轮、油轮的护卫任务，但均遭到时任官房长官后藤田正晴的反对。后藤田正晴反对的理由主要是"向交战海域派遣自卫队船舶视同参战"、违宪、民意反对等。又因为美苏冷战在 20 世纪 80 年代末进入新一轮缓和，最终日本未能如中曾根康弘所愿成功派遣扫雷舰等船只。就结果而言，日本军事力量在中曾根康弘时期有明显的发展势头，但谈不上是"战后体制"限制日本军力的有效突破。

（四）中曾根政权的文教改革

从国家主义立场出发，中曾根康弘对于当时日本国民国家意识普遍淡薄的状态感到忧虑，为此发起了针对战后教育体制的改革。1983 年，中曾根政权提出教育改革"七点设想"；次年成立相关的"临时教育审议会"，制定教育改革的主导思想，强调要加强包括爱国心在内的德育，弘扬日本的传统文化。在该思想指导下，日本文部省加强了对教科书的审查力度，并开始要求学校升太阳旗、学生唱《君之代》。在此过程中，历史认识问题接连浮现，引发日本与周边邻国的摩擦。

日本首相参拜靖国神社问题亦始于该时期。靖国神社的前身是创建于明治时期的"东京招魂社"，后改为现名，交由日本军方管理。祭祀对象是日本在历次对外战争中为"护持国体"而死的军人"英灵"，是日本帝国第二次世界大战中对民众进行思想动员的重要手段。1945 年，依据盟军总司令的"神道指令"，国家神道被废除。次年，遵照"政教分离"原则，靖国神社注册为独立宗教法人。一般认为，靖国神社问题进入公众视野，成为争议话题大致始于 20 世纪 60 年代。1968 年，自民党以"明治维新百年"为由举行大规模庆祝活动；次年，又趁靖国神社前身——"东京招魂社"建立百年为由，再次向国会提交旨在将神社管理权移交日本政府，实现国家对神社"护持"的《靖国神社法案》。经媒体广泛报道后，引发"政教分离"相关讨论。1975年，时任日本首相的三木武夫于8月15日参拜靖国神社。但本人辩称此次参拜属于私人行为。从此出现了"私人参拜"和"公职参拜"的区分。1978年，14名甲级战犯的灵位被移入靖国神社供奉，进一步加大了靖国神社问题的敏感性。

1985年8月15日，中曾根康弘携18名内阁成员，以首相身份正式参拜靖国神社，开创了战后日本现任首相在8月15日当天公职参拜靖国神社的恶劣先例。此次参拜事先就遭到中、韩两国的强烈反对，事后更遭到两国的强烈抗议，引发较大的外交风波。而中曾根康弘任内对于中、韩的亚洲外交进展原本较为顺利。参拜靖国神社事件纯属节外生枝，不必要地打击了当时尚可的中日、日韩关系。正因如此，中曾根康弘在剩余任期内再未参拜。然而，其1985年的参拜行为受到了日本右翼的欢迎。以内阁总理大臣为首的日本政治家参拜靖国神社，尤其是在敏感时点上参拜靖国神社从此成为"反战后"势力冲击以"东京审判史观"为代表的战后进步史观限制，试探国际社会对日历史问题红线的检验标尺。

（五）冷战后政治体制发生结构性转变

冷战结束后，对战后体制的突破首先发生在政治体制领域。冷战背景下以"保—革对立"为主要特征的"55年体制"被打破。原革新阵营虽通过保革合作等方式组建政权，但同时也因为联合行为葬送了自身，从此一蹶不振。保守势力呈现出压倒性优势。在1996年新选举制度实施后举行的首次国政选举中，保守政党高歌猛进，大幅占领革新政党的原有阵地，出现国会"总体保守化"现象。在代表着时代潮流的保守势力内部同样发生了结构性变化。新保守主义派别登上历史舞台，日益发展壮大，逐渐取代战后以来的原主流保守势力，成为新的主流。这一脉的源头正是原"保守旁流"，其底色正是国家主义。以执政的自民党为例，以岸派为源流的右翼派阀清和会俨然取代宏池会、经世会等原主流派阀，成为党内绝对主流派别和总裁派别。

（六）冷战结束初期日美同盟调整

作为"旧金山体制"的核心因素，冷战结束后美国的远东乃至全球战略变化动向，对日本整体调整其对外战略构成了外在压力和推动力。日本抓住这一关键因素，在巩固发展同盟的名义下，加快发展本国军力，接连突破"战后体制"在安保领域的限制机制。

20世纪90年代初，作为日本安保体制基础的日美同盟面临"再定义"问题。但经双方数轮安全对话和战略协调，所谓"再定义"问题很快得到解决，日美间军事合作基础反而更趋深厚。1996年，桥本龙太郎政权与克林顿政府联合发表《日美安全保障共同宣言》，不仅明确了新形势下将继续维持并增强两国同盟关系，还将日美安保的适用范围从远东地区扩展至亚太地区。美国维持在东亚地区的强势存在，日本则被赋予了在本地区支援美军战斗的责任。1997年，《日美安全保障共同宣言》中的同盟调整思路在新版《日美防卫合作指针》中得到贯彻。新版《日美防卫合作指针》采纳了"周边事态"概念，将发生在日本领土之外的周边地区，但对日本的和平与安全构成重要影响的争端冲突纳入日美安保体制解决的范畴之内。这意味着战后以来日本安保领域的"专守防卫"原则已被打破。日本在日美同盟框架内的作用从单纯承担日本本土防卫责任的"盾"演变为冷战后美国新亚太安全战略的协作者，即成为带有攻击性的"矛"。以此为基础，日本于1999年制定《周边事态法》，在国内法上确认了上述日美同盟关系的质变。《周边事态法》中第二条规定："周边事态发生时，政府应该恰当而迅速地实施后方地域支援、后方地域搜索救助活动、船舶检查活动等应对周边事态的必要措施"，而所谓"后方支援"主要包括为美军提供淡水、燃料等补给；运送美军人员、物资；为美军舰船、航空设备、车辆等提供维修保养服务等共计7项内容。尽管日本政府试图通过将"后方支援"限定在"后方地域"，否认"后方支援"活动的"战斗"属性等方式，强辩此类活动未违反宪法第九条中关于禁止"武力行使一体化行为"的规定。但事实是，无论在理论上还是在实践过程中，军事辅助活动都很难脱离军事行动而单独存在。因此，即便严格限制活动的内容、地域、方式等，"后方支援"活动的开展本身从法理上依然意味着日本安保体制向着背离"专守防卫"原则的方向大幅跃进，从事"后方支援"的自卫队本身也面临着擦枪走火，"被迫"卷入战斗的风险。然而，彼时日本国会正处于"总保守化"的背景下。在执政的自民党、自由党和公明党联合政权中，自民党与小泽一郎率领的自由党在推动安保战略转型问题上的立场是一致的。1999年，法案未遇明显阻力便在国会顺利通过，揭开了战后日本安保战略转型的序幕。

（七）小泉政权的安保改革

这种利用外力推动本国军事正常化的手法在21世纪初的小泉政权期间又再度上演。"9·11"事件发生后，借美国发起全球反恐怖主义联盟，相继发动对阿富汗塔利班、伊拉克萨达姆政权的军事行动之际，日本接连颁布《反恐特别措施法》和《伊拉克复兴支援特别措施法》。与《周边事态法》相比，上述特别措施法进一步突破了战后安保体制限制，主要表现在：一是大幅度扩展自卫队活动的地理界线，使之超出亚太地区范畴。自卫队可远征至波斯湾，为正在进行军事行动的美军提供后方支援。二是放宽围绕"后方支援"的各类限制，特别是对于武器使用的限制大为缓和。三是将自卫队海外行动的国会审批程序从事前改为事后补全亦可。自卫队海外活动的自由度得到整体提升。2004年，根据《伊拉克复兴支援特别措施法》，日本派遣一支千余人规模的自卫队奔赴伊拉克，开展人道主义和复兴支援业务。这是战后日本自卫队首次踏上处于战争状态的外国领土，超出了过去联合国维和行动的范围。同年，日本国会又通过了《美军行动便利法案》《自卫队法修正案》《交通通信管制法》《国民保护法》等7项安保相关争议法案。小泉政权还在"解禁集体自卫权"等问题上对于修宪表现出浓厚兴趣。2005年10月，自民党党代会通过了酝酿多年的宪法修改草案，要求实现自卫队入宪、改称"自卫军"等对宪法第九条的删改架空。尽管碍于现实压力，小泉纯一郎在其任内并未实现修宪。但小泉政权上述安保战略调整方向为安倍政权所继承，并进一步向前推进。

第三节 "反战后"思想的主要代表

"反战后"活动最活跃的三个时期都出现了相应的政治强人，成为该时代挑战战后体制的领头人。其"反战后"思想既各具特点，又有显著的共同性和延续性，反映出不同时代国家主义者对于战后体制的批判及其原因。

一、20世纪50年代岸信介的"结束占领"主张

作为20世纪50年代政治人物主要代表，岸信介在占领结束初期日本内外政策的调整中起到了决定性的作用，其思想主张和政治行动对于"保守旁流"路线具有奠基性的意义。

岸信介政治理念的形成与其作为山口县一脉政治家的出身不无关系。与大部分同县政治精英一样，岸信介深受战前国家主义意识形态影响，其思想显著倾向于国家主义。在其回忆录中，岸信介称"中学时代所受的教育，贯穿我的一生，时至今日依然留存"，"很

大程度上对于我之后的人生观成型发挥了基础性作用",谈及吉田松阴时又称,"我的国粹主义倾向,其源头还是在于萩市"。① 日本战败后,岸信介从执掌国家大权的内阁成员沦为巢鸭监狱的战犯。但从其回顾本人政治生涯的访谈、座谈、回忆录等各类文献来看,岸信介在战前业已成型的基本政治理念并未因日本战败又或是战后社会主流思潮整体转向进步主义而有显著的改变。

岸信介从未表现出对发动战争的反省或悔改。在与矢次一郎、伊藤隆等人的座谈中,岸信介使用"生存之战""圣战"等词语描述日美间的太平洋战争,称这场战争是日本"被逼入绝境之下不得已而采取的行动",其近因是日美间外交龃龉,远因则是发达的西方帝国主义为维护自身既得利益而不吝对包括远东在内的世界其他地区采取侵略与掠夺。座谈中,岸信介大谈"大东亚共荣圈"整体国防力量的飞跃式提升带来了永久和平,以及实现"大东亚共荣圈"内经济的自给自足体制,摆脱多年来国家贸易上对美英的依赖等,日本与亚洲邻国间战争的非道义性则被其一笔带过。换言之,岸信介大言不惭地主张日本对亚洲的侵略战争符合"兴亚大义"。显然,这是一种典型的大亚细亚主义逻辑。岸信介本人对自己"大亚细亚主义"立场亦从不掩饰,② 可见其对日本入侵亚洲邻国的历史毫无歉意。岸信介的"东京审判观"再次印证了这一点。围绕"东京审判",岸信介称,"胜者总会惩罚败者的。他们根据什么法律惩罚我们,败者都是无可奈何的","至于就自己的行动而言,可能有人会说,这是侵略战争。但我们必须把自己的观

---

① 田中秀征、『自民党本流と保守本流保守二党ふたたび』、講談社 2018 年版、第 60 頁。

② 岸信介晚年在一次座谈中,面对"大川周明的大亚细亚主义是否可以说是您战后政治活动的原点"的提问,岸信介爽快地承认道:"的确如此。我对于亚洲各国的关系与大川先生的(大)亚细亚主义是联系在一起的。当然与我战前在满洲国的经历也是联系在一起的。(无论战前战后)都是一以贯之的。"田中秀征、『自民党本流と保守本流保守二党ふたたび』、講談社 2018 年版、第 68 頁。

点留给后代，我们是被迫同美国交战的。我们正是抱着这种观点准备走上法庭面对检察官的审问的"①。显然，岸信介拒绝接受战后社会主流对日本对外战争的定性，将东京审判矮化为战胜者对于战败者的审判。由岸信介主导制定的自民党党纲领亦丝毫未见对此前战争的反省以及绝不重蹈覆辙的决心。

但与此同时，作为发出1941年对美英"宣战诏书"的东条英机内阁成员，岸信介自认就战败结果"对于日本国民和天皇陛下负有责任"。② 日本战败之后，也有部分难以接受失败的政治家和军人选择自戕谢罪，但岸信介并没有。岸政权纪实录的作者大日向一郎认为，作为战时日本政府的重要一员，岸信介对于战败导致的战后日本包括宪法在内的各种"异常"状况怀有某种赎罪意识，自认对于纠正这些"异常"负有不可推卸的责任。③ 岸信介自己也在回忆录中自剖心迹表示，"身为令日本陷入如此混乱的责任人之一，再次以政治家的身份出面'纠偏'日本政治是（我的）应尽使命。尽管在余生中能做到什么程度未必可知，但至少可以从尽力做好当下正确的事务开始"④。韩国学者李炯吉认为，针对本国的赎罪意识的确是岸信介战后一系列政治构想及活动的基本出发点，只是这一赎罪意识未必扩大至美国以及其他曾与日本发生战争关系的亚洲邻国身上。⑤

综上可知，岸信介对于战前日本帝国政府侵略扩张的国策毫无

---

① ［日］岸信介、矢次一夫、伊藤隆著，周斌译：《官场政界六十年——岸信介回忆录》，商务印书馆1981年版，第53页。

② ［日］岸信介、矢次一夫、伊藤隆著，周斌译：《官场政界六十年——岸信介回忆录》，商务印书馆1981年版，第53页。

③ 大日向一郎、『岸政権一二四一日』、行政問題研究所1985年版、第9—11頁。

④ 李炯喆、「岸信介の対外認識とアジア政策」、『長崎県立大学国際社会学部研究紀要』創刊号、第33—45頁。

⑤ 李炯喆、「岸信介の対外認識とアジア政策」、『長崎県立大学国際社会学部研究紀要』創刊号、第33—45頁。

反省，但对于战争失败的结果却耿耿于怀，名为"反战后"实为"反战败"，将"尽快、尽可能地消除战败对日本国家体制、政治生活、对外关系等造成的影响"视为己任。由此不难理解岸信介对以吉田茂为首构建的战后新统治秩序的不满：因为无论是吉田政权，又或是战后体制，都是战败占领的结果。这也是岸信介运筹"反吉田"大局，扳倒吉田茂"代理人政府"背后的根本动机。岸信介反对战后宪法的立场也顺理成章。对岸信介而言，新宪法不仅仅是占领政策的一部分，对该宪法所体现的历史进步性亦不以为然。众所周知，岸信介是个彻头彻尾的修宪论者。1952年4月29日，对岸信介的"开除公职令"因《旧金山和约》生效而自动解除。岸信介及其党羽迅速撕掉伪装，公开重启政治活动，在"箕山社"成立"日本重建联盟"，发表五大政策，公开宣示其政治主张。其中第五条便是"修改宪法，完备独立国家的体制"。1953年2月，岸信介在《改造》杂志上发表了《新保守党论》，主张"日本发挥一个独立国家的机能"，表示应由新保守政党推进修改宪法和解决自卫问题。显然，岸信介对于日本在战后宪法体制和"旧金山体制"下获得的国家主权独立地位有所保留，特别是无法接受一国基本大法由外国强加这一"有损国家独立"的基本事实。据岸信介的传记作者原彬久记录，岸信介下台时隔十余年后依然仍曾表示"若能再做首相，考虑将把修宪作为政府方针推出"。①

除此之外，在军事国防上实现"自立"也是日本作为独立的主权国家的首要。岸信介一贯主张"将保卫日本的基点放在日本自卫队上"。② 战后和平宪法所规定的"中立""非战"原则在其看来违背国际社会的一般规律，形同痴人说梦。对于战前日本的军

---

① 八木秀次、「安倍晋三首相、憲法改正の信念…祖父、岸信介元首相の遺志を引き継いで」、『産経新聞』2017年7月27日。
② ［日］岸信介、矢次一夫、伊藤隆著，周斌译：《官场政界六十年——岸信介回忆录》，商务印书馆1981年版，第193页。

事力量不受政治辖制，反而凌驾于政治力量从而给国家带来的深重灾难，岸信介则无深刻反思。这一点是其与吉田茂的根本不同。作为战前被日本军政系统压制的外交官僚，吉田茂一直从自己的亲身经历出发批判军国主义，并因此接受了战后美国对日改造中的"非军事化"政策，"绝不能再次给予军事力量（战前）那样的地位"。① 相较之下，岸信介固执地寻求发展日本自身的军事实力。与此同时，岸信介又务实承认：仅凭自卫队现有的力量难以实现有效国防，因而应积极强化而不是放弃与美国之间的同盟关系。日本政治专家、东京大学教授御厨贵总结认为，岸信介对美国秉持着实用主义立场。② 岸信介主持修改 1951 年版《日美安保条约》的行动将其"自立·亲美"这一看似矛盾的主张表现得淋漓尽致。推动岸信介修改 1951 年版《日美安保条约》的有多重原因。首要原因自然是以巩固同盟为掩护，推动日美关系性质从"美对日军事占领关系"向更名副其实的同盟关系转化。同时这也是基于日本发展自身军事能力，维护国家安全的现实需求。因为只有在同盟框架内的日本军力发展才能尽可能打消美国的疑虑。同时日本军力增强也改变了日本单方面依赖美国的状况，增加美国对日安全需求，进而提升美国对日安全承诺的可信度。

二、20 世纪 80 年代中曾根康弘的"战后政治总决算"思想

早在占领时期，中曾根康弘即以"反吉田急先锋"著称。1948 年 10 月 15 日至 1954 年 12 月 10 日，吉田茂出任日本首相，建立了战后首个长期政权。在吉田茂主政的六年零 2 个月期间，中

---

① 田中秀征、『自民党本流と保守本流 保守二党ふたたび』、講談社 2018 年版、第 32 頁。
② 安井浩一郎、NHKスペシャル取材班、『吉田茂と岸信介 自民党保守二大潮流の系譜』、岩波書店 2016 年版、第 86 頁。

「第二章 "摆脱战后体制"路线的历史溯源」

曾根康弘认为"吉田未能发出日本独自的主张，只是一味唯盟军总司令部马首是瞻"，① 对吉田茂及其自由党持批判意见，并积极靠近石桥湛山、三木武吉、河野一郎等政坛反吉田势力。据石桥湛山日记回忆，曾于某日接待到访的改进党成员中曾根康弘，对方表示应发起打倒吉田内阁的革新运动。② 石桥湛山是战前自由主义思想家代表，但在战后却成为反吉田的强硬人物，并与岸信介等联手推动组建保守新党的运动。③ 1951 年，吉田茂主持签订了片面媾和的《旧金山和约》与 1951 年版《日美安保条约》，中曾根康弘对前者表示赞同，但对后者颇有不满，在众议院进行审议时投了弃权票。不满的原因是条约中包含了日美间种种不平等条款。据某新闻记者披露，中曾根康弘还曾在民主党总务会上对此批评称，"如此屈辱的条约框架下，我们实在难以分担（防卫）责任"。中曾根康弘对于吉田茂的批评也是，"吉田对防卫问题既无关心，也不言语。吉田政策的缺陷必须由我们（改进党）来填补"。从中不难看出：中曾根康弘对吉田茂的不满同样源自对占领的抵触，与岸信介一样视吉田政权为盟军总司令部的代理人政府，其对日本防卫问题的关心则源自外力刺激下强烈反弹的主权意识。

中曾根康弘的"自主防卫论"主要表现为反对宪法第九条代

---

① 服部龍二、『中曽根康弘　大統領的首相の軌跡』、中公新書 2015 年版、第 55 頁。

② 服部龍二、『中曽根康弘　大統領的首相の軌跡』、中公新書 2015 年版、第 56 頁。

③ 石桥湛山从战前起即是著名的自由派人士，始终反对日本对外侵略与殖民，原与战前日本军国主义无缘，甚至更接近于战后吉田茂所代表的"保守主流"路线。但在占领期间，石桥因为从民族主义的角度反对盟军总司令部，遭到盟军总司令部出于申明自身权威的报复，受到"开除公职令"扩大化的波及。这更加强了石桥对占领体制与吉田政权的反感，促使其后来积极投身反吉田运动，甚至与自己政治立场完全不同的岸信介联合起来。对于石桥伸出的"橄榄枝"，连岸信介也颇觉意外。日本政治学者五百旗头真认为，对占领体制的强烈反感致使石桥未能认清岸信介的本来面目。五百旗頭真、『日米戦争と戦後日本』、講談社 2005 年版、第 198—201 頁。

表的战后"非军事化"原则，认为在国防问题上长期严重依赖他国军事力量违背国家主权独立原则和国际政治现实，要求修正"吉田路线"下将日本国防责任外包给美国的防卫方针，确立日本本位的安保体制，建立日本军队；对发展日本自身军力建设持积极态度等。在日美同盟问题上，中曾根康弘与岸信介一样将同盟视为日本自主防卫基础上的必要补充，在后来一次演说中被其总结为"安保补全论"。但中曾根康弘进一步明确了日美之间的分工。1970年，时任防卫厅长官的中曾根康弘在国会答辩重新启用"专守防卫"一词描述日本安保政策的基本方针。同年，在其主持下创刊的日本《防卫白皮书》首期直接宣示"我国防卫以专守防卫为本"。① 在其后访华期间，中曾根康弘对中国方面解释"专守防卫"问题时则提出了"美国为矛，日本为盾"之说。中日邦交正常化后，中曾根康弘则在其自身派阀的内部会议上，进一步阐释"自主防卫"基础上的"安保补全"，称其最终目标是实现"除了核保护伞亦即第七舰队之外都是自主防卫"。②

由于在宪法和安保等标志性问题上与岸信介立场相近，中曾根康弘在当时被视为"保守旁流"在战后青年一代政治家中的代表，与其众议员同期田中角荣的"保守主流"路线形成对比。连岸信介本人都曾对中曾根康弘在任期内推进修宪进程抱有期望。实现修宪确为中曾根康弘从政以来的夙愿。在现行日本宪法颁布之初，中曾根康弘曾出于激愤作《修宪之歌》，歌词中称，"只要该宪法存续，无条件投降便持续"。③ 但与岸信介不同的是，中曾根康弘的政治手法相对更柔软。尤其反映在其对待民意的态度上。中曾根康

---

① 防衛庁、『日本の防衛昭和45（1970）年版』、第47頁。
② 服部龍二、『中曽根康弘 大統領的首相の軌跡』、中公新書2015年版、第117頁。
③ 斉藤栄三郎、『宰相中曽根康弘の思想と行動』、日経通信社1983年版、第38頁。

弘对于岸信介在 1960 年推动签署的新《日美安保条约》本身是赞同的，认为比起旧条约，新条约增加了许多符合其期望的旨在恢复日本相对独立性及对等性的内容。但对于岸信介压制朝野的反对声浪强行通过条约，甚至在安保运动升温后仍试图邀请美国总统艾森豪威尔访日的一系列举动，中曾根康弘深感不以为然，甚至曾计划提交辞呈以劝谏岸信介推迟美国总统访日行程，后因岸信介自行取消邀请并于不久后辞职下台而作罢。① 中曾根康弘对于安倍 2015 年强行推动"新安保法案"闯关国会亦持有类似"一分为二"的态度。这表明中曾根康弘不愿在民意条件还不成熟的情况下强行推动修宪。其实早在 20 世纪 70 年代任防卫厅长官时，中曾根康弘在修宪问题上的态度即有所后退。1970 年 3 月 23 日，中曾根康弘在参议院预算委员会回答社会党议员羽生三七关于"自主防卫论"的质询时，提出了著名的"自主防卫五原则"，其中第一条即"遵守宪法，厉行国土防卫"，可见其公开主张已明显由修宪转向"遵守宪法"。身为战后少有的长期政权，在其执掌国家大权的 1982—1987 年，中曾根康弘反而搁置了修宪论，未能在修宪问题上取得突破。除了当时自民党在众参两院的议席占比未达到发起修宪动议的门槛等"硬指标"外，中曾根康弘自己对此解释称，"并不愿意因此（强推修宪）引发社会撕裂"，表示搁置修宪的根本原因在于当时日本尚未形成支持修宪的主流民意。②

1982 年 12 月，中曾根康弘在自民党选举对策本部的讲话中首次提到"迎来了（战后）总决算的一年"的说法，并在次年将之整理为"战后政治总决算"主张，表示要面向 21 世纪，"对过去

---

① 服部龍二、『中曽根康弘　大統領的首相の軌跡』、中公新書 2015 年版、第 80—82 頁。

② 斉藤栄三郎、『宰相中曽根康弘の思想と行動』、日経通信社 1983 年版、第 98 頁。

进行检查与修正","重新统一看法"以推动国家的发展,[1] 即后来的"战后总决算论"。尽管该主张出现的直接原因是显示新政权对于了结此前因洛克希德事件而曝光的自民党"金权政治"的决心,[2] 而其提法显然又受到了此前大平正芳"战后总决算"的影响。但因为长期政权以及中曾根康弘本人"总统般的首相"的强势地位,"战后政治总决算"得以不断丰富其内涵,并且产生了较大的政治影响,远超大平正芳的"战后总决算",最终作为中曾根政权的代名词而广为人知,被认为集中反映了中曾根康弘本人的政治理念。

关于"战后政治总决算"的具体内容,中曾根康弘本人将其总结为"改正吉田政治""实现行政及财政改革""推进国际贡献"三项,与上面谈到的安保观、宪法观、战后体制观等基本政治理念均密切相关。正如前文所述,反吉田是中曾根康弘在日本政坛的原点,意味着反对吉田政权所代表的占领体制,实现以防卫为重点的国家自立,还包括自主制定宪法。"实现财政改革"主要指向洛克希德事件为代表的"金权政治",但也意味着对战后以来日本以财政为重点的政治运作模式的改革。所谓的"切实作出国际贡献"的"国际国家"实际上就是"政治大国"。因此,"战后政治总决算"的基本逻辑是:全面总结并结束"战后"的历史阶段,为跃升为"国际国家"奠定基础,具有鲜明的大国主义特征。

围绕如何终结"战后",除了实现日美同盟"安保补全"之下的"自主防卫"、实现自主制定宪法之外,中曾根康弘将"战后政治总决算"的目标指向日本社会"战后意识"。例如,针对防卫问题,中曾根康弘认为日本人理应改变已显陈腐的安保观念,正视军

---

[1] 赫赤等著:《战后日本政治》,航空工业出版社1988年版,第391页。
[2] 例如1983年1月10日的《日本经济新闻》就从洛克希德事件及其选举对策的角度认识"战后政治总决算"。转引自服部龍二、『中曾根康弘 大統領的首相の軌跡』、中公新書2015年版、第202頁。

事手段在国际政治中的现实作用,不应将其一概视作"洪水猛兽"。日本扩充其军事力量并不意味着发动或卷入战争,而是出于承担更多国际责任、成为与自身经济大国地位相符的"国际国家"的需要。为转变观念,应抛弃"军国主义""法西斯主义""压制思想"等早已不合时宜的旧词汇,"重新评价大东亚战争史①和'东京审判'","打开旧时期加诸日本人思想之上的沉重枷锁",从观念上对过去的战后时期进行"决算"。②再如,在文化领域,中曾根康弘主张大力弘扬日本悠久的传统文化与民族精神,进行与经济大国、政治大国地位相匹配的文化建设,指出应输出日本文化,以日本为中心构建"太平洋文化圈",发挥文化大国的作用。当前日本教育现状已经成为其走向文化大国的障碍,为此还必须同时改革战后以来的教育制度。

在历史认识问题上,中曾根康弘表现出既不同于战后进步史观,但也不同于岸信介等"战前派"政治家的矛盾性。一方面,在"东京审判"等重要历史问题上,中曾根康弘明确表现出挑战战后进步主义史观的倾向,首开战后日本首相参拜靖国神社的不良先例。中曾根康弘强调日本原本称第二次世界大战时期本国对外战争为"大东亚战争",战败之后才被迫采纳战胜国方面的立场而改称"太平洋战争"。"东京审判史观"的本质是战胜国将本国史观强加于战败国日本的产物,是战争胜负的结果而非战争性质导致日

---

① 1941年,日本帝国政府东条英机内阁通过决议,将包括1937年"七七事变"以来侵华战争在内的一系列日本对外侵略的战争行为统称为"大东亚战争"。另据当时的内阁情报局解释,"大东亚战争"释义为"为建设大东亚新秩序的战争"。作为军国主义用语,"大东亚战争""大东亚共荣圈""大东亚秩序"等相关词汇均在战后被盟军总司令部下令禁用。但这些词汇在日本右翼、保守派人士、新旧国家主义者圈内依然有市场,使用这些词汇往往在一定程度上反映了其政治立场。因而,本书在引述日本政治人物言论时对这些词汇予以保留。前文岸信介思想中涉及的"大东亚共荣圈"亦同此意。

② [日]中曾根康弘著,张和平、金苏城译:《新的保守理论》,世界知识出版社1984年版,第18页。

本在道义性上落于下风，要求对这场战争予以重新评价，提出基于日本自身立场的主张。中曾根康弘甚至认为，日本对外战争具有"驱赶西方殖民者""解放亚洲"的积极属性，表现出美化第二次世界大战军国主义的意图。另一方面，中曾根康弘并未完全否定日本对外战争对于亚洲邻国而言具有侵略性质，[①]而是更强调日本与美俄等西方国家在亚洲战场的交手是"为争夺国家利益的普通战争"，因而日本与西方国家在战争的道义问题上并无高下之分。换言之，中曾根康弘修正历史主义的主要矛头实则指向西方国家。这也符合当时日本因大国化与西方国家发生摩擦的时代背景。针对历史教科书问题，中曾根康弘认为叙述本国历史时适当予以美化是人之常情，但亦必须顾及与亚洲邻国友好关系而慎重处理。[②]

日本学者德本正彦评价中曾根康弘"战后政治总决算"思想及其政治实践认为，中曾根康弘的国家主义思想显然是在与战前、战时的国家主义思想的联系中再生的，但并非对战前的简单回归，而是为了适应新时代国内外的政治条件而进行了相应的调整，主要表现在将国家主义与战后主流的民主主义、国际主义进行了调和。当然其本人亦有意识地使自身与外界普遍反感的战前国家主义区别开来，从而使其思想在保留国家主义基本特征的同时，又具备适应本时代变化的特征。

三、20世纪90年代初小泽一郎的"普通国家论"

20世纪90年代"反战后"活动的代表性人物，正是该时期国家主义思想以及新保守主义派别的领军人物：政治家小泽一郎。小

[①] 服部龍二、『中曽根康弘　大統領的首相の軌跡』、中公新書2015年版、第36頁。

[②] 斉藤栄三郎、『宰相中曽根康弘の思想と行動』、日経通信社1983年版、第133頁。

「第二章 "摆脱战后体制"路线的历史溯源」

泽一郎虽未能登上首相宝座,却是20世纪90年代以来日本政局背后重要的操盘手之一,对于1996年的自社先联合政权、1999年的自自公(自公保)联合政权①、2009年的民主党政权等多个政权的诞生居功甚伟。1993年,小泽一郎出版《日本改造计划》一书集中阐述了其政治改革思想。其中,作为政治改革的目标提出了"普通国家论",成为20世纪末以来新国家主义思潮中的代表性思想,同时亦深刻影响了现实政治。日本政治学者北冈伸一认为,"普通国家化"可概括20世纪末以来日本国家发展的基本方向及走过的主要历程。②

"普通国家"又叫"正常国家",也就是独立自主的主权国家。这个概念设定了一种国际法意义上的"标准国家"或"主权国家范本",其推论是偏离了这种范本的国家都存在不同程度的主权缺陷,而非承认国家形态的多样性。小泽一郎在其著作《日本改造计划》第二章中大声疾呼"(让日本)成为普通国家吧"。言下之意,战后至今,日本的国家形态存在诸多"不普通""不正常"之处,"普通国家化""正常国家化"则意味着"修正异常"。北冈伸一认为,从《日本改造计划》一书来看,论及社会、经济等领域的篇幅甚少,因而"普通国家"内涵的重点应在政治体制、外交、军事安保等领域。河南大学教授朱海燕将战后日本国家身份的"不正常"归纳为:国际法意义上的"敌国身份"、战争的"非法化"、国家安保的"外包化"、国家主权的"残缺化"、领土范围的"模糊化"五点。"正常化"则是日本政府针对上述五大特征的逆向政治与外交活动。③ 美国军方、战略界通常则主要关注战后日本

---

① 即自由党、自民党、公明党联合政权。2002年,小泽一郎率领的自由党改组为保守党,联合政权随即变为自民党、公明党、保守党的联合政权。
② 北冈伸一、『「普通の国」へ』、中央公論出版社2000年版、第11頁。
③ 朱海燕、刘凤华:《日本"正常国家化"及其影响》,《国际论坛》2013年第5期,第73—81页。

国交战权受限的实际状况,将"正常化"等同于"军事正常化"。

小泽一郎的"普通国家论"可分为对内的"政治改革论"和对外的"国际贡献论"两部分。"政治改革论"主要反映在《日本改造计划》第一章。小泽一郎认为,战后日本政治的主要问题在于冷战体制下以"保—革对立"为主要特征的政治体制,已然成为犹如"煮青蛙的温水一样(不思进取)的结构",① 在国际事务上对美跟随,在国内事务上则专注于积攒及分配财富,使得国家缺乏强有力的权力核心,造成内外决策迟缓,难以适应冷战结束后变化的国际环境。打破这一结构、加强以首相官邸为首的核心权力是当前日本政治的迫切任务。具体方法则是改革选举制度,变中选区制为小选区制。"国家贡献论"则主要有两个方面内容,一是以"地区不稳定因素"取代苏联威胁作为日美安保体制存续的新意义所在;二是抨击日本战后和平主义为"一国和平主义",欲以"新和平主义"取而代之。不难看出,这两方面内容均意在军事安保。"国际贡献"一词本身其实来自20世纪90年代初海湾战争期间,欧美国家对于日本因宪法限制"只出钱不出兵"的指责,尤其是指责日本未能满足美国提出的"为反伊联盟作出'人的贡献'"的要求。日本保守势力对这一指责却如获至宝。经保守政党、媒体联手炒作,"国际贡献"一词俨然成为20世纪90年代的流行语。小泽一郎的"国际贡献论"正是新保守主义者借用"国际贡献"之名鼓吹日本发展军事力量,并走向海外。

"政治改革论"和"国际贡献论"联系十分紧密。正如本泽二郎指出的那样,小泽一郎之所以提出改造选举制度,最终目的是修改宪法,尤其是破除宪法第九条等对日本军事力量的限制。② 显

---

① 小沢一郎、『日本改造計画』、講談社1993年版。
② 本澤二郎、『小沢一郎・日本改造計画の危険性』、エール出版社1993年版、第34頁。

「 第二章 "摆脱战后体制"路线的历史溯源 」

然，只要宪法第九条依然如故，日本就难以如小泽一郎所愿在海外作出军事意义上的"国际贡献"。而按照宪法第九十六条规定，需超过 2/3 以上的议席方可发起修宪动议。而在中选举区制度下选票过于分散导致议席分散。革新势力虽已显颓势，但势必难被消除。通过在众议院选举中导入小选举区制度，有望促进议席向保守政党集中，有利于实现修宪所需的超过 2/3 的议席方。正是通过这一逻辑，小泽一郎在其"普通国家论"中将政治改革、国际贡献与修宪三者联系在了一起，其宪法观、安保观展露无遗。此外，由于其显然对于战后日本宪法"非军事化"原则因何而来毫不在意，亦可大致推测其历史观。

总体来看，小泽一郎的"普通国家论"是典型的国家主义主张。在小泽一郎出版《日本改造计划》，叛出自民党另组新党后不到两个月，自民党因宫泽喜一在众议院选后辞职须再选总裁。彼时，出马竞选的河野洋平发表竞选宣言，其主旨可总结为"与国家主义对决"。本泽二郎认为，尽管未直接指名道姓，但河野泽平话中的"对决对象"正是彼时在日本政坛刮起"小泽旋风"的小泽一郎。[①] 从其前后关系来看，"普通国家论"处于 20 世纪 80 年代中曾根康弘国家主义思想的延长线上。以军事为重点的"国际贡献论"为名增强日本的防卫力量，巩固日美同盟，打破战后政治禁区，修改宪法，"政治大国论"等都是两者的共同之处。不同的是，中曾根康弘的"战后政治总决算"思想整体上仍处于冷战体制的框架之内，"战后政治总决算"的出发点和着眼点等均表现出鲜明的服务于阵营对抗的色彩。但到了小泽时代，冷战结束使得日本国内外环境条件发生了深刻的变化。旧秩序业已崩溃而新秩序将成未成之际给予了小泽一郎等日本战略谋算者更广阔的空间。在

---

① 本澤二郎、『小沢一郎・日本改造計画の危険性』、エール出版社 1993 年版、第 13 頁。

《日本改造计划》书中，小泽一郎焦灼呼吁，"构建冷战后国际新秩序一日也不容拖延。为此日本……除了成为国际国家之外别无生存之法"，[①]实际上亦明白昭示出日本追求政治大国化过程中另一个不同以往且更加激进的重要路径，那就是"摆脱战后体制"，塑造国际新秩序。

第四节 "摆脱战后体制"路线中的国家主义表现

一、主权意识

从上文梳理的最具代表性的"反战后"活动及思想不难看出，日本国家主义者对战后体制的批判高度集中于自主制定宪法、领土完整、防卫自主、日美同盟内部平等、国际秩序安排、文教政策导向等方面。在国家主义者眼中，这些方面都围绕着"国家内外主权"这一中心主题，又或是日本作为主权国家在国际社会中生存与发展应当具备的基本权力，也就是国家权力与国家实力；[②]关于战后日本政治的起点，国家主义者的首要关注在于对外战争失败使日本丧失了"独立国家"的地位；[③]"反战后"的根本动力源于反对外来势力干涉及其结果；最终诉求则是令日本重新获得"真正的独立"，实现完整的国家主权。换言之，战后以来日本政治进程中的一系列"反战后"活动，其本质是谋求在"战后体制"下被压制的国家地位和功能的复辟，是强烈而鲜明的主权意识。

[①] 小沢一郎、『日本改造計画』、講談社1993年版、第127页。
[②] 日本的国家主义者往往主张一国的文教政策，特别是国家历史观导向等属于一国的内部事务，亦即国家主权范围内自主处置的事务。
[③] 部分参考了五百旗头真对于战后日本国家主义政治路线的描述。

众所周知，在国际关系三大流派中最重视国家权力、国家实力的是现实主义流派，同时它也是最古老的并且可能拥有广泛拥趸的流派之一。这一学派对于国家权力/实力总结发表过数量最多的精妙论述。无论其是否自知，大部分日本国家主义者均是广义上的现实主义者。安倍的亲信兼幕僚，国际关系学者出身的兼原克信就自诩为现实主义者，批反对者及其路线为"空想主义"。[1] 从现实主义视角下经典主权国家定义出发，国家主义者强调国家主权必须且只能通过对其管辖区域拥有至高无上的、排他性的政治权力获得体现；对内的统治权、对外的交战权等都是国家天然的、不可被剥夺的权力。这些国家权力在道义上是中性的，甚至是积极的；有时也被视为国家功能。"战后体制"压制国家这些天然权力和功能，妨碍了日本作为"主权国家"的存在，令国家长期处于有违国际社会基本常识的异常状态。现实主义对国际社会"无政府"状态的描述、国家对于本国安全的自主责任等经典理论也可解释日本国家主义者对"战后体制""非军事化"原则的批判及与之针锋相对的"自主防卫"主张。虽然在针对公众的宣传中，军力发展通常被伪装为对于"和平"的重视。

包括安倍本人在内，"岸路线"的后来者在继承其国家主义立场的同时，也继承了上述批判"战后体制"的既有路径，包括焦点议题、主要观点、基本逻辑等。从前文所述安倍的"战后体制观"亦可看出，"摆脱战后体制"路线蕴含着强烈的"被占领"意识，而从形式和实质双重意义上"结束占领"，在内外事务上彻底恢复与日本主权国家地位相符的自主权是"摆脱战后体制"路线的基本诉求。与此同时，路线也对实现这一诉求的重点领域和关键目标有较为清晰的认识。

---

[1] 兼原信克、『戦略外交原論』、日本経済新聞出版社2011年版。

二、复古主义

正如本章第一节所述，以"岸路线"为主要政界代表的战后日本国家主义是战前日本国家主义的自然延伸。因日本国家主义在战前发展至极端国家主义的形态，战后日本在外来势力的主导下集中清除过极端国家主义的成分，在"战后体制"下形成了"反国家主义"的主流社会文化。但由于"反·反国家主义"（"为国家正名"）是战后国家主义者在挑战"战后体制"时的重要路径，因而不可避免地从既有的，同时也是直接反映日本本国特点的战前国家主义中寻找灵感与方法。这使得"反战后"活动时常显现出对战前的复古。当然，战后国家主义者们对待战前复古的态度也不一而足。譬如前述的中曾根康弘就倾向于与战前国家主义保持一定的距离。但在以弥合"战前与战后之间的断裂"为己任的安倍身上，这种战前复古色彩则表现得更为明显，亦更为公开。例如，第二次安倍政权在推进道德学科化时，就毫不掩饰地表露出希望从战前"修身"课程中吸收优秀成分的意愿。"修身"课程曾在战后长时间内受到批判，被认为是战前极端国家主义的文教工具之一。

在战后国家主义对战前的这种"借鉴"中，最容易被察觉的无疑是所谓的"日本主义"。本书第一章曾经对"日本主义"进行过简明的剖析，指出它是以"皇道"为核心的极端国家主义主要形态之一。诸如"国体论"、"皇道精神"、天皇信仰等均与其密切相关。安倍本人所秉持的国家观亦表现出浓郁的"日本主义"特征。这不仅清楚地表明了"摆脱战后体制"路线的国家主义立场，更进一步说明路线与战前国家主义的密切关系；在实践对"战后体制"的摆脱时，尤其涉及日本的传统价值、天皇制、乡土部落等具体主张时，时而表现出回归战前日本国家主义的冲动。

战后国家主义在另一些较为隐晦之处也渗透着战前的影响。譬如与日本政治大国化目标紧密相连的"亚洲主义"。日本在其战略传统上对远至印度，近到中朝、东南亚的广大亚洲地区素有关切。这是由其文化亲缘、地缘政治等客观现实所决定的，同时为日本国内不少思想派别所共有。在日本近现代早期的亚洲主义思潮中，曾经也出现过要求与其他亚洲国家相互扶持，建立平等合作关系以对抗欧洲的主张，如1880年成立的兴亚社就是秉持"亚洲主义"的这一类型团体。但最终这种基于亚洲内部平等关系的主张很快被淹没，带有浓厚国家主义倾向的"亚洲主义"逐渐占据上风。其主要特征就是强调日本之于亚洲的优势地位，整合利用亚洲资源，使其服务于日本的大国化目标。简言之，国家主义者秉持的"亚洲主义"与其"大国主义"倾向密切相关。战前，国家主义的"亚洲主义"曾与所谓"大日本主义"①紧密配合，服务于日本帝国政府的扩张主义目标，其极端形态正是臭名昭著的"大亚细亚主义"。这一思想主张以日本近代化成功为前提推导出日本的地区霸权主义战略，主张在亚洲实现日本之下的统治秩序。在日本以军事手段追求大国化目标的近现代历史中，"大亚细亚主义"是日本帝国政府实行对外扩张的具体方略，同时也为日本将战争行为合法化提供了重要理论依据。

战后，日本国家主义对外政策中的"亚洲主义"主要表现为对以日本为中心整合泛亚地区，以及取得地区主导权的雄心。尽管程度、方法等均不一而足，远至岸信介的亚洲之旅，近至安倍的印太主张都表现出这种获取和利用亚洲资源、统领亚洲的意图。岸信

---

① 由于本国资源、领土等自然禀赋相对匮乏，日本战略文化传统原本就包含有一种对于国家生存与发展的先天性焦虑，自幕末起逐渐演化为弥漫于整个社会的"大日本主义"风潮。日本自由主义思想家石桥湛山在其论文《大日本主义的幻想》中描述称："日本资源匮乏、领土狭小，除了掠夺吞并资源丰富的他国领土之外，别无国家发展出路。这是当时日本人的常识。"由于地缘与文化的邻近性，亚洲邻国成为这种社会共识首选的扩张目标。石桥湛山、「大日本主義の幻想」、『東洋経済新報』1921年8月13日。

介曾经直白地承认过其本人是"大亚细亚主义"的拥趸。①

三、历史修正主义

通过将"保守旁流"路线追溯至占领结束初期的"战前派"可以看出,"反战后"活动的最初诉求源自"战前派"政治精英对于日本第二次世界大战战败结果的挣扎。"反战后"实为反战败,其中缺乏日本对外战争责任的反思。就当事人心理动机而言,这些自战前就把持国家政权的政治精英对于自己亲身或从旁参与过的日本对外战争,也多少难免有着将其正当化的冲动。日本政治家、评论家田中秀征就认为,岸信介与田中角荣在历史观上的分歧,究其根本,来自两人作为(第二次世界大战)战争发起者与被裹挟参战者的身份之别。②虽然随着时间的推移,战争记忆在世界范围内的"褪色",作为日本对外战争决策者、支持者、实践者的"战前派"一代逐渐退出政治舞台,日本国内这种对于修正历史的执拗随之淡化。但与此同时,身为首位"战后出生的首相"安倍却表现出对于清除战后"自虐史观"的强烈意愿,是外界公认的名副其实的"历史修正主义者"。这固然有安倍与岸信介之间存在亲缘关系等偶然原因、个人因素在内,但也可能源于国家主义者在对外关系调整中对于恢复国家名誉的需求。作为这一时代国家主义者的代表,同时也是执掌日本国家大权的首相,安倍在推动历史问题"解决"上达成的最终成效有可能决定了下一个时代的国家主义者在相关问题上的立场与态度。

---

① 田中秀征、『自民党本流と保守本流保守二党ふたたび』、講談社 2018 年版、第 68 頁。

② 田中秀征、『自民党本流と保守本流保守二党ふたたび』、講談社 2018 年版、第 138 頁。

本章小结

战后初期，因为美国对日政策转变造成对日改造不彻底，与战前一脉相承的国家主义思想不仅在战后很快卷土重来，并且一直潜伏在日本政治深层，以"岸路线"拥趸、"保守旁流"政治势力为载体，以"反吉田"作为起点，在现实政治中演化为持续至今"反战后"活动。

属于这一路线的岸信介、中曾根康弘、小泽一郎、小泉纯一郎、安倍等国家主义者，根据各自的问题意识，针对宪法、安保、文教、领土等具体议题的"战后现状"提出各自的改革诉求。尽管在具体政策领域、细节以及政治手法等方面彼此之间有着细微的差别，但他们对于解除"战后体制"对于日本国家束缚的基本立场是完全一致的。安倍政权的"摆脱战后体制"正是这一源流在21世纪的表现。

第三章 "摆脱战后体制"路线的中心任务

　　核心概念与历史源流均证明,"摆脱战后体制"的基本逻辑在于消除"战后体制"对日本国家存在和发展构成的限制。对照其"战后体制观"审视安倍及其政权的活动,可划定"摆脱战后体制"的重点政策领域,主要是宪法体制、军事安保、同盟政策、行政体制改革、强国外交、意识形态(教育、舆论等)等数项。此外,"摆脱战后体制"可能还部分涉及其他领域政策,例如经济政策等。但路线的基本逻辑表明这些政策处于次要的、辅助的地位。综合各因素,本书将"摆脱战后体制"相关政策归纳为三大主题,并在每个主题之下总结出与该主题相关的主要任务及任务目标。

第一节　全面恢复行使国家主权

　　该主题意在广泛清除残存的占领体制及其原理,恢复日本作为主权国家的本来面貌,由日本民族按照自己的意志行使完整的国家主权。在安倍口中通常表述为"摆脱占领(体制)"。由于战后日本已与大部分国家完成媾和,随着这些多边和双边和约的生效,日本的国家主权在国际法上意味着已因取得这些国家的承认而得以恢复，所谓"恢复主权"强调的是实现本民族处置国家事务的自主性。这一主题主要涉及宪法修改、军事安保体制、日美同盟关系、行政体制中的集权与分权结构等问题。

一、自主制定宪法

作为安倍眼中"占领的产物、代表及象征"，现行日本宪法是"摆脱战后体制"路线作用的首要目标。在"摆脱战后体制"雏形的"从战后体制再启航"中，即包含"制定与21世纪国家面貌相适应的宪法"的内容。其后，无论路线具体内容如何增减，修宪作为路线核心任务的地位都岿然不动。2005年，安倍在与右翼媒体人樱井良子的座谈中，直言"日本的国家框架①必须由国民亲手、从头开始构建……才能实现真正的独立"；"为守护国民的生命、财产以及日本的荣耀，必须……修宪并切断战后体制的枷锁"；"若不全面修改现行宪法，由占领军强加的战后体制自身是不会变化的"。② 外界早已知悉安倍对于现行日本宪法与"战后体制"之间的这种认识。曾任自民党修宪推进本部部长的船田元直接将"摆脱战后体制"视为"修宪"的上级概念。③ 拓殖大学教授远藤浩一亦称，修宪对安倍的"摆脱战后体制"而言无疑具有象征意义。④

日本修宪主张一般有解释修宪、明文修宪、自主制定宪法等程度不断递增的数种。从"由国民亲手、从头开始构建"等言论来

---

① 这里主要指宪法。
② 安倍晋三、桜井よしこ、「全文を書き直す気概を持つべし」、『諸君!』2005年第6号、第173—182頁。
③ 「安倍改憲の根底にあった『戦後レジームからの脱却』」、『毎日新聞』2022年9月8日。
④ 「[正論] 評論家、拓殖大学大学院教授・遠藤浩一」、『産経新聞』2012年12月27日。

看，安倍与岸信介、中曾根康弘等人一样，视"实现本国宪法的完全自主制定"为修宪的终极目标。但这并不意味着他们在现实政治中排斥解释或明文修宪。修宪理由方面，除上述"宪法与国家主权间存在紧张关系"的一贯论调外，安倍还提出了"现有宪法落后于时代说"等补充意见。在与冈崎久彦的座谈中，安倍将修宪的理由归纳为："宪法制定过程存在问题"，"现行宪法不适应变化的新时代"以及"以制定新宪法来开辟新时代"三点，主张通过修宪实现新旧时代的转换，彻底结束被占领的旧时代。①

二、摒弃日本安保体制中的"非军事化"属性

"非军事化"是战后初期美国对日改造的主要原则。最初目的除惩罚日本战争罪行外，更有进一步（永久）解除日本武装，防止其再次走上军国主义道路而成为美国的威胁之意。作为"和平主义"（Pacifism）的本意，"非军事化"同时也是占领初期颁布的现行日本宪法的核心原则之一，集中体现在宪法的前文、宪法第九条等处。现行日本宪法亦因此被外界视为"和平主义"宪法。日本宪法第九条规定：

> 第一，日本国民衷心谋求基于正义与秩序的国际和平，永远放弃以国权发动的战争、武力威胁或武力行使作为解决国际争端的手段。第二，为达到前项目的，不保持陆海空军及其他战争力量。不承认国家的交战权。②

---

① 安倍晋三、冈崎久彦、『この国を守る決意』、扶桑社 2004 年版、第 217 页。
② 《日本国宪法》，日本国驻华大使馆网站，https://www.cn.emb-japan.go.jp/itpr_zh/kenpo_zh.html。

「第三章 "摆脱战后体制"路线的中心任务」

　　根据立宪主义，日本原应依据本条款放弃一切形式的交战权，并因此否认一切形式的军备。但随着美对日政策的转变，战后日本的"非军事化"原则松动。在围绕宪法第九条的释义中，通过操纵所放弃的交战权及相应的军备等定义的相关解释，该时期的吉田政权实际上把宪法对日本军力的限制作用进行了降格、缩小处理。朝鲜战争期间还实现了日本的重新武装。不过就战后日本政治整体而言，在保守主流"吉田路线""重经济、轻军备"的支配下，"非军事化"作为国家政治生活基本原则之一的地位未显著动摇。特别是形成了以宪法第九条为首，由"专守防卫""无核三原则""武器出口三原则""每年军费不超过年度国内生产总值1%"等一系列自律性规则构成的抑制性安保体制，至今仍对抑止日本军力发展发挥着作用。

　　但在安倍等国家主义者看来，交战权是国家主权天然组成部分。占领方对于日本国家暴力手段的限制不仅是对其国家主权的侵犯，而且限制了日本在现实国际政治中维护国家利益的手段选项。修改宪法第九条始终是安倍修宪主张的核心。2006年，首次担任日本首相的安倍在接受英国媒体采访时就将宪法第九条称为"脱节于时代的宪法条文的典型代表"，直言不讳地表示"为守护日本，更为了履行国际贡献，应对第九条进行修改"。[①] 本书第一章亦已介绍过：使安倍萌发"必须'摆脱战后体制'"问题意识的，是他对于日本政府在日本人绑架问题上无法使用军事手段的不满。从政后，安倍更以实际行动支持日本"强军"。在其任内，发展自主防卫力量，改革日本安保体制，转变国民安保意识，突破重点关键问题，最终谋求完全废除日本军力发展的限制性体制是安保政策的主要思路。日本仅凭当前的军事实力难以应对日趋恶化的国际安

[①]「検証・憲法第9条　集団的自衛権に9条の壁『解釈』限界、安保に障害＝特集」、『読売新聞』2007年4月27日。

全环境，缺乏军事后盾难以维护日本企业的海外利益以及海外日本人的人身安全等，均成为其鼓吹增强军事能力的主要理由。

三、实现日美同盟内部平等

如前文所述，安倍认为不平等的同盟关系是"占领体制"的具体表现。因此调整日美间同盟关系，最终达成同盟内部平等便成了摆脱"占领体制"的着眼点。与此同时，鉴于美国对日本内外战略的关键性影响力，安倍延续了岸信介以来亲美保守派的基本思路，竭力平衡"摆脱占领"与"利用美国军事力量及美国霸权"两大需求，以求在日美同盟框架内实现日本国家主权。

安倍政权主要通过同盟政策和安保政策推进日美同盟内部平等，两者往往同步筹划、同步推进。同盟关系的所谓"双向性"①是连接同盟政策与日本安保政策的"桥梁"。与外祖父岸信介一样，安倍主张推进同盟关系"双向性"，（在核不扩散的前提下）使双方的安全权利与义务对等，将日美同盟由美国对日本负有安全责任的"单向"关系变为双方互相提供安全保障的"双向"关系。在面向日本国内的政治说服中，安倍强调对等化能够增强同盟可信度，因为"只有平等的同盟才是稳定和可信赖的关系"。因此实现与美国的"对等"有利于维护日本自身的国防安全。2006年，安倍在国会答辩中盛赞岸信介1960年改订旧《日美安保条约》"提高了（同盟间的）双向性"，表明其认为"双向性"问题是日美同盟关系中的重要问题。② 为实现这一"双向"关系，须尽力弥补双方在军事能力上的差距。事实上，发展日本本国军力乃至最终实现

---

① 日语称「双務性」。
② 第165回国会衆議院予算委員会第2号、平成18年10月5日、国会議事録検察システム、https://kokkai.ndl.go.jp/#/detail?minId=116505261X00220061005&current=1。

自主防卫，一直是"实现日美同盟内部平等"背后的潜台词。"解禁集体自卫"权则是其中的关键举措。在前述2006年的国会答辩中，安倍自夸"时刻努力在（同盟）条约及实操层面增强（双向性）"，同时为回应外界质疑又称自己"并未主张立刻'解禁集体自卫权'的运用"，实际承认了"解禁集体自卫权"与同盟"双向性"密切相关。

安倍对"解禁集体自卫权"的坚持源自其国家主义的政治立场，而并非其本人后来宣称的"出于周边安全环境的恶化"或部分意见认为的源于美国方面的要求和压力。早在20世纪90年代的国会答辩中，安倍就曾多次针对集体自卫权存在但无法行使的内阁法制局见解展开激烈批驳。彼时，冷战以西方阵营的胜利告终。尽管也有朝核、台海等新的周边安全问题浮现，但战后以来最大的安全威胁——苏联已经解体，应对日本周边整体安全环境的改善是重大利好。日美同盟因为失去最大的假想敌而陷入"漂流"。日本国内亦相应出现了要求废除日美同盟的社会舆论。在这段时间内，安倍并未使用其后频频出现的"周边安全环境恶化"作为其主张"解禁集体自卫权"的理由。20世纪90年代，日美双方在围绕调整同盟定位的斡旋中，美国确实对日本提出要求，希望日方在朝核、台海等可能发生的"（日本）周边事态"中，为美军提供医疗、后勤等军事协助。双方政府之间及各自内部的事务磋商中亦不可避免地涉及集体自卫权问题，诸如约瑟夫·奈等人就美国对日政策拥有关键影响力的华盛顿决策圈人物也确实重视日美之间的军事合作关系。然而，彼时的安倍尚未进入日本国防相关决策圈。作为美国"知日派"代表，约瑟夫·奈和理查德·阿米蒂奇在2000年方才发布首份《阿米蒂奇报告》，从美方立场向日本公开提出"解禁集体自卫权"的明确要求。与此同时，安倍亦以超乎常人的速度在日本权力核心崭露头角，延续其"解禁集体自卫权"的主张。因此，认为安倍政权"解禁集体自卫权"系因美方直接压力的观点无疑是站不住脚的。相比之下，"自主防卫论"则是战后国家主义者中的常见观点。这一观点的拥趸认为：国家主权要求一国以本国军队充当自身国防的主体力量。

以集体自卫权的部分解禁为标志，安倍政权在日美同盟"双向性"方向上取得了较大进展。安倍围绕日美同盟的一系列主张本质上都是为了摆脱占领，因而本书将之纳入"恢复国家主权"主题。

四、重新强化中央集权

根据1945年10月驻日盟军总司令麦克阿瑟发出的五大改革指令，[1] 占领当局采取了多种措施以促进日本社会、政治、经济结构的民主化，主要包括扩大民众（例如妇女）的政治参与权、解除思想与言论统制、恢复政治结社自由、扩大地方与行业自治、改变垄断性产业支配方式等。不难看出，这些民主化措施背后的共同特征是对中央政治权力的打击、弱化以及分割，将权力从国家手中转移以及下放至市民、地方、行业等各个层级。在战后日本，传统的中央集权政体虽得到保留，但中央政治权力在活动范畴、统治的强制性等多方面受到较大约束。"摆脱占领"则意味着转变上述经外来势力干涉而形成的带有明确分权性质的政治运作模式，收回国家对内统治的合法权力。

但由于在战后日本民主主义确立过程中，以中央政治权力形式存在的"国家"及中央集权模式被塑造为民主的反面，分权性质的政治运作模式则被认为是"民主主义"的体现。这种状况被佐

---

[1] 麦克阿瑟于1945年10月对时任首相币原喜重郎提出五项改革指令，分别是改革检查制度、改革劳动法案、改革选举制度、改革教育体制、改革经济制度。

「第三章 "摆脱战后体制"路线的中心任务」

伯启思概括为战后"国家 VS 民主主义"格局。① 而民主主义本身显然是战后日本政治不容挑战的基本原则，公然反对民主主义将使当事人迅速失去民意支持；"旧金山体制"下被划入西方阵营的日本亦绝对无法放弃民主主义的旗帜。这一现实状况决定了国家主义者被迫选择更加委婉隐晦的方式来表达加强中央集权的主张，常见的如"加强政治主导""加强领导力""解决中央权力空心化"等，以免落入"国家 VS 民主主义"的认知陷阱。在《致美丽之国》中，安倍多次提到，国家是民主的保护者（而不是对立者），因此"奉公护国"就是保卫民主体制本身，正是为了澄清"强化国家立场"，并不等于"反民主主义"。

此外，战后由于政治权力受到限制，国家的日常事务性运作被交给政治上中立的行政官僚体系负责，致使官僚阶层日益成为依附于战后体制的最大既得利益集团以及事实上的改革拦路者。换言之，政治决策中的"官僚主导"范式不仅是"战后体制"分权逻辑相伴生的产物，同时也为体制的延续提供了支撑。因而"打倒"依附于"战后体制"的官僚集团也是"摆脱占领"的必然需要，同时也为在更大范围内推进国家体制整体转向提供预备。"种种迹象证明，安倍首相认识到欲构建'美丽的'新国家，首先必须改革与国家运营密切相关的国家公务员制度"。② 第一次安倍政权期间，（国家）公务员体制改革即明确作为摆脱战后体制，加强政治领导力的重要内容之一被提出。第二次安倍政权继续对官僚主导的行政体制进行大刀阔斧的改革，并在加强政治主导的掩护下，全面强化中央集权，亦即从市民、地方、行业等不同层级、不同类型的民间主体中收回统治权，强化中央政治权力自上而下的统治暴力及

---

① 佐伯啓思、『国家についての考察』、飛鳥社 2001 年版、第 179 頁。
② 「基礎からわかる『公務員制度改革』＝特集」、『読売新聞』2004 年 4 月 7 日。

对社会生活的干预。

第二节　复兴日本民族精神

该主题意指摆脱国民意识层面的"战后体制",打破占领体制对日本人精神的禁锢;改变战后社会主流意识中的反国家主义倾向,修复日本国家名誉;在"战前与战后"问题上恢复日本国家认同的延续性,进而重振日本民族精神,为建立"洋溢着保守精神的强国日本"奠定良好的社会心理基础。体现这一主题的是以学校教育为重点,包括媒体舆论在内的意识形态相关领域政策。

一、恢复日本国的权威：强化国家意识

第二次安倍政权结束后,安倍在接受日本《外交》杂志专访时点明了"摆脱战后体制"路线与国家意识之间的关系。安倍称：

> 我的问题意识源自对战后日本的国家意识非常稀薄之现状感到别扭与危机。(战后)日本的思维方式已固化,谈到国内就光是个人权益,谈到国际就光是团结联合国、世界公民等,对于就国家应有之姿进行讨论则唯恐避之不及。[1]

安倍认为,"爱国"原本是日本值得珍视的传统价值。在《致美丽之国》第三章"什么是民族主义"中,就可读到安倍眼中那

---

[1] 安倍晋三、田中明彦、「特別インタビュー安倍外交七年八ヵ月を語る（完）官邸外交を支えた組織・人・言葉」、『外交』2021年 Vol. 67、第100—105頁。

个四处洋溢着朴素的"由家及国"精神的战前（战时）日本。①虽然从其展示的这一"爱国"的战前图景中，只能读出他所谓的"爱国"实际还是"忠君爱国"。②然而，安倍依旧据此主张：战争失败除导致国家领土被占外，还导致了国家作为认同对象在道义上的全面破产。在占领行政的直接影响下，日本社会的集体意识中留下了对于国家主体与国家集权体制的深深恐惧，致使战后的日本人无法继承传统而"奉公"，甚至还发展为社会中普遍的"避讳国家"倾向，③割裂了日本民族国家观的内在统一性，更造成了战后日本人精神世界中国家意识的缺失。鉴于国家被视为所有价值的"终极权威"，国家主义者认为国家意识的衰退事实上令日本"失去了支撑民主政治的国家的存在"，④是解释战后日本所面临的多种政治、经济、社会问题的根源所在，使得日本难以有效应对 21 世纪国际社会上的诸多挑战，更阻碍日本将经济能量转换为政治能量，成为"担负世界赋予的更多责任"的政治大国。⑤

在国家主义者眼中，教育是占领行政介入并改造战后日本人精神领域的关键手段，亦即导致日本人"国家意识非常稀薄"问题的"元凶"。近代日本政府原本就以"皇国、皇道"教育塑造"国家"认同，维持统治秩序。明治时期《小学教员须知》的"序言"中就有"普通教育之张弛关系国家之隆替"的说法。1890 年版《教育敕语》对于整个战前日本教育体制具有规范指导意义，其中

---

① 安倍晋三、『新しい国へ 美しい国へ完全版』、文春新書 2013 年版、第 79—113 頁。

② "忠君爱国"是日本于 20 世纪初（约明治三四十年代）逐渐成型，并一直维持到第二次世界大战战败的国民道德要求。其中的"君"指"天皇"。据日本明治政府文部省的解读，"忠君"与"爱国""伦理不二"，意思是"忠君即爱国"。该短语实际上仍是"皇道"的体现，这里的国家实际上就是"神国"日本。

③ 安倍晋三、『新しい国へ 美しい国へ完全版』、文春新書 2013 年版、第 204 頁。

④ 佐伯啓思、『国家についての考察』、飛鳥社 2001 年版、第 162 頁。

⑤ 安倍晋三、『日本の決意』、新潮社 2014 年版、第 76 頁。

明确教育应该呈现由个人、家族层层递进至国家、天皇的道德逻辑；规定教育的作用就是向国民广泛提示并加强这一道德逻辑的唯一性，从而实现君民一体的国民整合。然而，战后占领军当局推进的教育民主化改革打断了"教育帮助维持国家统治"的传统联系，建立了"教育引导反抗国家统治"的反向联系。1946 年，在盟军总司令部民间情报教育局严密监视下，由文部省颁布的《新教育方针》号召教师们"对导致战争和国家悲惨现状的社会缺陷进行深刻反省"。[①] 不仅如此，经战后左翼思潮的涤荡，再加上对于战争期间亲手将学童送上战场的悔恨，日本教育界自身亦产生了强烈的反国家主义倾向。以日本教职员组合（以下简称日教组）为代表，众多战后成立的教师工会组织普遍采取了反国家主义立场。显而易见，战后日本教育的基本理念、制度设计乃至一线教育工作者，无疑都是国家主义的批判者。于是，就出现了安倍在《致美丽之国》开篇小故事中所谓的"进步主义教育者充斥校园、垄断话语、堵塞思考"的负面景象。因而，安倍等国家主义者认为，欲恢复日本国家权威有必要"反其道而行之"：通过反向的教育改革，使教育与国家的关系摆脱战后的"异常状态"，回归其应有的"培养有志向的国民，创造有品格的国家"的本分。换言之，国家本位教育必然成为安倍教育改革的核心内容。

二、恢复日本国的名誉：排除战后"自虐"史观

日本学者毛里和子曾指出："新民族主义尝试通过回归民族和

[①] 小宮修太郎、『脱「戦後日本」のナショナリズム』、第三書館 2016 年版、第 218 頁。

「第三章 "摆脱战后体制"路线的中心任务」

传统来重建日本的认同感。为此，保守派需要'对历史加以修正'"。① 安倍政治导师兼外交安保事务智囊的冈崎久彦亦曾提出战后日本保守主义的两大政治使命，亦即"两个摆脱战后"，其一正是"清除战后史观"。② 安倍的政治履历中亦显示出其对于国家历史观、历史教育问题超乎寻常的执着。自20世纪90年代初登政坛起，安倍便展露出对于相关议题的浓厚兴趣。在中青年议员时期，他先后参加了"思考日本前途与历史教育的青年议员之会"等多个历史议题相关的右翼保守组织，在相关政治活动中表现活跃，积累了较多经验及关系网络，其中有相当部分成为其组建政权后的政策主张、决策智囊等重要资源来源。这种人脉和知识的延续性使得历史议题成为"安倍政治"的重点内容，处于安倍修正主义历史观的直接作用范围之内。因而，安倍两次执政时在历史问题相关领域的一系列动作并非单纯、孤立的行为，而是在其保守理念牵引下面向对整个战后史观的系统性改造，以求最终令日本社会心理整体"摆脱战后"。2004 年，时任自民党干事长的安倍被曝以自民党中央党名义向自民党地方党组织下达指示，明确"历史教育问题是与修宪、修订《教育基本法》等一体两面的重要课题"。③

安倍将战后进步主义的主流史观称为"自虐史观"，宣称基于"自虐史观"的国家教育方针"无法培养国民的自尊心"。在《致美丽之国》一书的"用那个时代国民的眼光来重新审视历史"一节中，安倍直白地阐述了其对"历史观与民族自信"关系的认识。

---

① ［日］毛里和子：《中日关系——从战后走向新时代》，社会科学文献出版社 2009 年版，第152 页。转引自吕耀东《"安倍谈话"后日本内政外交走向评析》，人民网，http：//theory.people.com.cn/n/2015/0922/c40531-27618334.html。

② 「元駐タイ大使・岡崎久彦訪米から見えた保守の優先課題」、『産経新聞』2013 年3 月8 日。

③ 「自民が『つくる会』シンポ文科政務官も参加予定侵略美化の教科書後押し」、『しんぶん赤旗』2005 年5 月14 日。

— 93 —

在该节中，安倍反复提到"所谓历史，是不能简单地用善、恶来划分的"，又称"我生在日本、长在日本，所以要在这个国家满怀信心地活下去。为此，需要……用那个时代国民的视角，虚心地重新思考历史"。① 在安倍的逻辑里，历史是复杂的，而历史认识是为了"在这个国家满怀信心地过下去"而存在的；并且就安倍个人而言，所谓"那个时代国民"的代表很难不令人联想到其外祖父岸信介，令人怀疑其后潜藏的历史修正主义倾向。在同书"振兴教育"一章中，安倍进一步援引英国撒切尔政府的教育改革以说明自己的上述观点，同时也对何为"非自虐的""有助于涵养民族自信心"的理想国家历史教育方针作了侧面阐述。安倍称，撒切尔政府在关于英国自身历史的教科书中加入了更多"平衡"内容，例如在介绍殖民地奴隶贸易的同时，又加入英国率先在世界范围内废除奴隶贸易等内容，表示撒切尔教育改革让其深受启发。

综上不难得出安倍国家历史教育方针。安倍实则主张：本国的历史教育应该有利于塑造国家正面形象，培养学生（国民）民族自信心、增强民族自豪感，为此可以且应该对历史教育的内容进行相应的"取舍、调整、平衡"。显然，安倍要求对历史教育内容进行"修正"，甚至指明了修正的具体途径，即"用那个时代国民的眼光重新审视历史"，是一种历史相对主义掩饰下的历史修正主义观点。

此外，尽管安倍主要从国民历史教育的角度论述进步主义史观之于"削弱日本国家意识"的负面作用，但实际上其矛头指向的是整个战后进步主义知识分子共同体。在"用那个时代国民的眼光来重新审视历史"一节开篇，安倍即不无愤恨地谈到，"媒体、学术界、论坛都被所谓进步的文化人把持着"，也就是冈崎久彦所

---

① 安倍晋三、『新しい国へ　美しい国へ完全版』、文春新書2013年版、第28—31頁。

说的"教育、出版、新闻相关劳动组合"。① 这意味着安倍清除战后进步史观的动作绝不会局限于教育领域。学界、媒体、出版等相关领域都将是其推行历史修正主义政策的场所。

三、"回归"日本传统道德

在《致美丽之国》中及其他多个场合，安倍不仅反复表明"应更加重视对国民进行道德教育"，也毫不避讳地宣称道德教育的具体内容应是传统乃至复古的，② 而其所谓"传统而复古"的"道德"具有浓厚的国家主义色彩，不仅包括本节第一点提到的作为传统道德顶点的"忠君爱国"，还包括对亲属家族、地域乡土、公司集体的情感与责任等一系列延伸。当然，其中最重要的无疑仍是独一无二的日本国。

在一次讨论"自民党成立理念"的座谈上，安倍对其提倡的价值观有简洁但完整的概括：

> 对于自民党而言，真诚面对经日久天长的不断累积而逐渐形成的价值观，思考身为日本人必须要守护的东西，是回到原点的关键。一起生活的家族，养育了自己的地域，接纳了自己的社会，作为（众人）乡土最终集结体的国家，与父母、祖父母、往上相连的祖先们以及未来即将诞生的后辈们之间的羁绊，成就了自己今时之身的日本的历史、文化、传统……唯有对这一切怀有谦逊之情，待以珍重之心，才能够真正守护日本。这些都与我们今天的作为紧密相连。每当自问为何从政

---

① 冈崎久彦、『国際情勢判断半世紀』、育鵬社2015年版、第218頁。
② 在《致美丽之国》书中，安倍借用美国里根政权提倡家庭价值观的例子，将其政治理念中的价值取向称为"复古主义"。安倍晋三、『新しい国へ　美しい国へ完全版』、文春新書2013年版、第217頁。

时，我总会再次深切感受到正是为了守护上述的一切。①

事实上，鉴于国家主义者将"国家"视为价值的终极权威，"国家"成为国家主义者谈论"道德"时的核心内容其实毫不意外。

近现代历史上，所谓日本的传统道德与维持日本"国体"密切相关。任何日本国家主义者都无法忽视这种"道德"的作用，经常不假思索地要求培育和促进这种"道德"，即加强特定的"德育"。1946年《美国教育使节团报告书》指出："日本各类学校中的'修身'（即道德学科）课程，以培养顺民为目的……日本通过忠诚心来确保秩序……非常有效……使得这种手段最终与不正当的目的结合了起来"，②即服务于军国主义等国家目标。1890年正式发布的《教育敕语》是以"德育"维持"国体"这一路径的缩影。《教育敕语》规定了个体、他者、国家、皇道四个层级的道德，给国民划定了应当遵循的唯一道德路径，即个体自身、家庭、集团、国家、天皇的层层递进，并通过官学灌输给国民，从而使每个国民都将个人、家庭、国家与天皇连为一体，达成统治国民、"扶翼皇运"的目的。在《教育敕语》指示下，以初等学校普遍开设"修身"科目为代表，战前日本教育体系极其重视开展道德教育。1880年12月，明治政府修改《教育令》，将原本居小学课程第六位的"修身"提升为各课程之首，学时亦大为增加，表明该课程在初等教育中最为重要；培养学生"尊皇爱国"的意识则是课程的重点内容。

正因如此，在战后对日改造中，占领军当局首先下令停止开设修身、日本历史、地理课。而日本教育民主人士至今仍然对中央行

---

① PHP研究所编集，『安倍晋三対策論集　日本を語る』、PHP研究所2006年版、第135页。

② 臧佩红：《日本近现代教育史》，世界知识出版社2010年版，第250页。

政权主导的道德教育抱有根本上的警惕。第二次安倍政权的道德教育的学科化遭到了日教组的强烈抵制。2013年，时任日教组教育研究部长的江藤创平接受媒体采访澄清其机构立场时称，"（日教组）非一概反对道德教育本身"，而是"反对政府将……特定价值观强加于人的相关动向"①。

事实证明，日教组的这种担心并非无的放矢。各种迹象证明两次安倍政权持续推进的所谓"加强道德教育，复兴传统价值观"，其本质就是回到战前国家主义的既有路径上，从而凝聚民心，重振日本民族精神，最终打造洋溢着保守价值的理想国度。反过来说，这一路径从内容到方式确实是传统的，是对战前的复古。

第三节　追求大国地位

该主题是国家主义追求国家发展的内在动机与"以实力衡量国家权力"这一国际政治现实相结合的产物；同时也是前文所述安倍理想国家图景的重要组成部分。在《致美丽之国》中，安倍谈及占领者构建日本战后体制的最初意图是"困住日本的手脚，防止它东山再起、跻身列强"；②"摆脱战后体制"相应地指向重新"跻身列强"，"夺回日本"对应"日本回来了"③，展现出大国化的强烈意愿。2013年2月22日，安倍在美国智库"战略与国际问题研究中心"的演讲，使得短语"日本回来了"成为其任内日本大国主义的标志性口号。与此同时，无论就客观实在，还是安倍的

---

① 「［論点スペシャル］道徳の『特別教科化』教科書、教員養成に課題」、『読売新聞』2013年10月18日。

② 安倍晋三、『新しい国へ　美しい国へ完全版』、文春新書2013年版、第32—33頁。

③ 日语称「日本が戻ってきた」。

主观认识而言，日本的战后体制都是战后国际秩序的一部分；而在国际政治现实中，只有"大国"才真正拥有对于国际秩序与规则的话语权。因此，成为大国是"摆脱战后体制"的必经之路。"摆脱战后体制"路线必然具备大国野心。集中体现大国主题的政策领域是外交战略与外交政策。在《安倍回忆录》中，安倍明确主张日本外交不应因"无法动武"而故步自封，应该重拾"大国意识"，开展大国外交，[①] 在对外交往中打破战后秩序限制，恢复并扩大日本在国际社会中的行动自由。

一、挣脱战后国际秩序中"战败国"身份的束缚

"摆脱战后体制"路线对战后国际秩序的挑战着眼于摆脱日本在国际交往中的"战败国"身份。

（一）寻求去除《联合国宪章》"敌国条款"

联合国机制无疑是战后国际秩序最重要的载体及保障，在《联合国宪章》中至今留有第53条、第77条和第107条的"敌国条款"，规定：第二次世界大战中与同盟国交战的敌国若再次发动侵略，其他国家可不经联合国安理会批准对其行使武力，相当明文记录了日本的"敌国"身份，并将其固定化、法律化。日本自身也在《旧金山和约》中承诺"请求加入联合国及在一切情形下遵守《联合国宪章》之原则"。换言之，《旧金山和约》同样是在《联合国宪章》框架内签署的，与宪章并不构成替代关系，无法使日本脱离"敌国"身份。在推进经济大国向政治大国转型的数十年间，日本实则已经在国际组织中积攒了相当的影响力。但在其核心的联合国问题上，特别是联合国安理会常任理事

[①] 安倍晋三、『安倍晋三回顧録』、中央公論新社2023年版、第322頁。

国资格、《联合国宪章》等，依然是日本大国化道路上必须首先克服的障碍。

（二）在国际交往中结束二战战后处理问题

安倍认为，战后日本对外交往疲于被动应对，未能充分主张并维护本国国家利益，其症结正在于"受战败国之身拖累，国际地位低下"。[1] 言下之意，第二次世界大战的失败导致日本在战后国际秩序下被定位为"侵略者"。这一历史道义上的"原罪"致使战后日本在对外交往中处于"不平等的地位"，使日本外交难以摆脱第二次世界大战战后处理问题，被迫采取忍让、妥协的姿态。这就是所谓"日本外交的不利局面"。

在现有文献中，曾被安倍举例说明日本外交被动状况的对象国是朝鲜、中国以及韩国。为改变这一局面，于2018年第三次参选自民党总裁的安倍打出了"战后外交总决算"的口号，[2] 朝鲜、俄罗斯、中国在其相关政策演讲中被列为政策实施的重点对象国。[3] 但其实早在2016年，就有媒体以"战后外交总决算"报道安倍政权的外交活动。2020年出版的《安倍回忆录》明确将"战后外交总决算"的实践追溯到安倍二次上台后日俄围绕战后和平条约试探关系改善进程[4]、2016年日美首脑互访日本广岛和美国珍珠港等事件，从时间和内容上对前述媒体报道进行了追认。这一时期涉及

---

[1] 安倍晋三、『軌跡　安倍晋三語録』、海竜社2013年版、第32頁。

[2] 「両候補がわが国発展の具体策語る」、自由民主党サイト、https://www.jimin.jp/election/results/sousai18/news/138119.html。

[3] 有日媒披露，安倍早在第二次安倍政权起步后不久，就时常同身边人表示"希望推进战后外交总决算"，说明安倍的为战后外交做"决算"的想法并非一朝一夕，而是酝酿已久。「［スキャナー］日米戦後　区切り　真珠湾慰霊　露中韓とは懸案残る」、『読売新聞』2016年12月29日。

[4] 2014年11月，日俄首脑会谈就以1956年《日苏共同宣言》为基础加速日俄缔结和平条约谈判达成一致。

的"决算"对象主要是俄罗斯、美国。从政策实践来看，日本的另一近邻——韩国也是政策对象。① 上述国家皆与日本有第二次世界大战战后遗留问题，同时也是关系东北亚地区乃至整个第二次世界大战战后秩序的关键性国家。因此，与上述国家的关系成为安倍政权改变战后日本外交被动不利局面的具体抓手。2018年9月12日，在俄罗斯举行的第四届东方经济论坛演讲中，安倍呼吁本地区领导人"扫除东北亚一切战后的光景"，毫不掩饰其颠覆本地区乃至整体第二次世界大战战后国际秩序的强烈意愿。②

此外，由于在安倍看来，战后国际秩序中的历史道义性服从于战争的胜负关系，因而解决历史问题的方法并非是与这些国家实现真正的历史和解；通过"强化与美国的同盟关系"③ 等国家间权力关系的运作甩开历史包袱才是安倍的本意。在其回忆录中，安倍以日韩围绕朝鲜劳工问题的历史纠纷为例，批评了日本外务省认为历史问题会"随时间推移自然风化"，因而不应在该领域有过多作为的态度，主张虽处劣势更须积极迎战，想方设法翻转己方劣势。④

二、重塑对己有利的国际秩序

"摆脱战后体制"路线在对外领域的许多方面都明显超出了"摆脱战败国地位"的需求。例如，"摆脱战后体制"关于联合国改革的方案并不止步于删除"敌国条款"，而是要求推动核心权力组织联合国安理会的改革，特别是为日本争取常任理事国的一席之地，表现出日本欲就其政治大国地位而取得国际社会认可的意愿。

首先，冷战后的国际大环境为日本的大国化战略提供了有利时

---

① 安倍晋三、『安倍晋三回顧録』、中央公論新社2023年版、第211—242頁。
② 「（総裁選　政策比較）外交・安保」、『読売新聞』2018年9月20日。
③ 安倍晋三、『軌跡　安倍晋三語録』、海竜社2013年版、第32頁。
④ 安倍晋三、『安倍晋三回顧録』、中央公論新社2023年版、第326頁。

机。随着东方阵营与苏联的分崩离析,基于第二次世界大战的战后国际秩序失去了其关键性支柱;本为战后国际秩序另一重要支柱的以美国为首的西方阵营则迫切希望扩大并固化冷战这一新近取得的胜利,推动形成新的国际秩序。在权力结构层面,战后持续了约半个世纪的两极结构解体,美国的单边霸权亦未完全建立,国际格局呈现"一超多强"的不稳定状态。美国之外,还有多个有能力参与塑造国际秩序的大国提出本国对新国际秩序的设想,并以此为中心构建本国国际战略,使得国际政治中呈现出多种国际秩序观和战略设想对立碰撞的局面。其中,作为第二次世界大战战败国,日本首先具备充足的动机摆脱于己不利的战后秩序;同时作为西方阵营一员,日本自恃共享了阵营在冷战中取得的事实性胜利,天然具备参与新国际秩序塑造的资格。从小泽一郎等冷战后活跃的政治家身上亦可看出,20世纪90年代以来,日本的政治大国化进程就伴随着这种推动国际秩序转化的强烈意志。有数种关于新国际秩序的日本设想被提出。这些设想中,日本毫无疑问均被置于新国际秩序中"天然的一极(力量中心)"的位置。据外务省披露,1990年时任日本首相的海部俊树曾去信美国总统称,"必须以日美欧三极为主导建立新的世界秩序"。[①] 显然,日本一直希望借由国际秩序的重构来重获政治大国地位。

其次,基于安倍猛烈批判战后日本外交的被动应对模式,不难推出其外交改革方向是增强主动作为。"摆脱战后体制"路线尤其强调从本国国家利益出发,设计并塑造国际环境的意志和能力,即强调日本对外交往的原则性与战略性,分别对应第一次安倍政权时期所提出的"有主张的外交"和"俯瞰地球仪外交"。第二次安倍政权继承并进一步发展了安倍外交改革的上述方向,在"俯瞰"

---

① 郗润昌:《浅析美日欧三极结构和世界多极化趋势》,《现代国际关系》1991年第1期,第3—8页。

及"有主张"的基础上,加大对日本版新国际秩序图景的展示和说服。仅在两次安倍政权任内,就有"自由繁荣之弧"、"钻石构想"(后发展为日美印澳"四边机制")、"自由、开放的印太战略"、《跨太平洋伙伴关系协议》(TPP)等多个日本战略框架出台;配合其密集的外交活动,以规则制定为牵引,特别是充分利用美国全球霸权因特朗普执政而发生动摇的有利时机,适时展露日本帮助美国维持霸权的意愿与能力,争取美国对日本战略方向的认可;又利用对"现状""法治"等模糊定义,用"基于规则的国际秩序"对第二次世界大战战后国际秩序进行"偷梁换柱",在国际交往中传播日本的主张,谋求将日本自身战略构想升级为处理部分地区乃至全球层面事务的主导性机制,从而实现对国际秩序塑造的有效影响,在其过程中亦同时使日本的大国身份获得更多国际承认。

在上述对外战略的推行过程中,安倍政权难以无视历史问题等战后国际秩序内含的议题。例如,在就"自由、开放的印太战略"相关合作伙伴的选择上,印度与韩国形成了鲜明反差。安倍重视发展同印度之间的关系,其重要前提之一是"印度与日本间没有历史认识问题,又共享自由、民主等普遍价值观";[1] 相反,尽管被美国著名"知日派"迈克尔·格林等人认为是日本"印太战略"的枢纽所在,[2] 但在尹锡悦政权大幅转变对日立场之前,韩国在大多数情况下被安倍视为日本对外战略需要克服的障碍而非合作伙伴。其原因自然也是日韩之间的历史纠葛。这些迹象均反映出安倍构想的新秩序并非简单的"另起炉灶",而是在克服战后国际秩序中内含的历史道义逻辑的基础上生成的。换言之,日本所提倡的国际新秩序是对战后国际秩序的"摆脱"。

---

[1] 安倍晋三、『安倍晋三回顧録』、中央公論新社2023年版、第314頁。
[2] [美]迈克尔·格林著,谭天译:《安倍晋三大战略》,八旗文化2022年版。

第四节　由经济转向政治

　　经济政策是第二次安倍政权时期舆论的主要焦点。"安倍经济学"更是频繁见诸报端的媒体热词。据临床心理学家矢幡洋观察，第二次上台后不久，安倍常用的关键词就已从以"摆脱战后体制"为代表的理念政治词汇，明确转向"国土强韧""经济再生"等经济相关词汇。[①] 在 2013 年初的施政演说中，安倍一字未提"摆脱战后体制"，而是花了约 1/4 的篇幅宣讲"经济再生"，强调其将致力于摆脱通缩，俨然摆出从第一次安倍政权的"理念政治"转向注重经济民生的务实政治的架势。与此同时，亦有不少观察者从政治经济的角度出发，将"摆脱战后体制"路线定性为安倍任内的一次新自由主义经济改革。这些都未免与前文指出的安倍从未放弃执行其政治理念的判断相矛盾。因而，有必要在此明确"摆脱战后体制"路线与安倍政权的经济政策之间的关系。

　　首先，经济政策直接出自为政权续命的动机。从 2007 年参议院选举失败的直接经验教训出发，2012 年众议院选举期间，鉴于民意显著关心"景气政策"而非修宪等理念政治问题，[②] 安倍投其所好，采取了鼓吹经济复苏的选举策略。这一策略成功助其重返相位，因此在安倍胜选后得到保留。拓殖大学教授远藤浩一评论称，"谨慎的政局运营不过是安倍巩固执政基础的手段"。[③] 大部分媒体

---

　　① 「『安全運転』で再出発　安倍首相『一日も早く結果出す』」、『読売新聞』2012 年 12 月 25 日。

　　② 如《每日新闻》2012 年 12 月 19 日发布的民调显示，有 32% 的受访民众选择"景气对策"作为选举中最关注的争论点，居于所有选项首位；选择"修宪"的仅有 2%。

　　③ 「（正論）評論家、拓殖大学大学院教授・遠藤浩一」、『産経新聞』2012 年 12 月 27 日。

及观察家亦对此心知肚明。与安倍交往密切的政治记者田原总一郎、高崎经济大学教授高木秀次等不少人都曾建议安倍"暂时弃用'摆脱战后体制'等词语"。① 安倍身边人士也不讳言此事。安倍亲信萩生田光一在回答《读卖新闻》"为何安倍再上台后在口头上封印了'摆脱战后体制'等词语"的疑问时表示,"若天天惊惶度日就无法深入探讨国家大事",② 实际上爽快地承认了不谈"摆脱战后体制"仅是公关策略的变化,是"为了不惊惶度日"也就是稳定政权的表面功夫,而作为最终目的的"国家大事"则另有所在。政权实践也可以得出相同的结论。安倍二次上台后继续推动"解禁集体自卫权",通过修改宪法解释等方式取得实质性进展。"以宪法为顶点"的战后体制出现大幅松动。与此形成对比的是,日本经济虽得以保持一时之景气,但牵涉经济运行本质的财政重建、通货紧缩等重要固有问题完全未有实质进展。尽管不能仅以成败论英雄,但政策结果至少能在一定程度上说明政治能量作用的方向。反过来的逻辑也是通顺的:正是因为经济并非安倍政权的目的而仅是手段,因而其经济政策必然着眼于维持一时之景气,而非真正解决关系日本经济长远可持续发展的关键问题。

其次,"摆脱战后体制"路线的基本逻辑要求从经济转向政治。在《致美丽之国》中,安倍谈及国家的"自立"具备两重含义:一是恢复被占领政策剥夺的国家功能,实现国家独立;二是实现经济自立,亦即生计问题。③ 战后日本政治所须回应的无非就是上述两大课题,也是两大政治目标。此书中,安倍直白地批判了战

---

① 田原総一郎、「米国押し付けの洋服を脱ぐ時が来た」、『日本』2022 年 2 月号、第 78 頁。
② 「安倍政権考権力構造(10)祖父の夢静かに下準備」、『読売新聞』2015 年 3 月 18 日。
③ 安倍晋三、『新しい国へ　美しい国へ完全版』、文春新書 2013 年版、第 32—33 頁。

后"保守主流"路线"埋首发展经济,忽视家庭、乡土、国家等日本价值",①过度专注于目标二而忽视了目标一。与此同时,前文已多处涉及安倍政权及其"摆脱战后体制"路线将自身明确定位于对战后的批判立场上,也就是对"吉田体制"的批判立场上,而"经济中心主义"正是"吉田体制"的主要特征之一。安倍政权政治路线所处的时代背景也能支撑类似结论。循着从本书第一章所述"摆脱战后体制"路线产生及发展的轨迹可知,在安倍最初萌发"摆脱战后体制"意识之时,日本通过数十年的快速增长,已然成为了领先世界的经济大国,自20世纪80年代以来逐渐进入从经济大国向政治大国转型的进程。"摆脱战后体制"路线延续了这一脉络。路线的主要目标是实现经济成就之上的政治大国化。此外,安倍本人也多次正面回应"经济还是政治理念"问题,弃理念政治而投经济治理不符合其一贯政见。2007年12月,仍处于败选造成的人生低谷的安倍在接受采访时,面对政界和舆论对其"理念先行"的批评声浪,仍勉力自辩"若失去理念,自民党就会失去灵魂"②。2022年,已结束第二次首相生涯的安倍更引用外祖父岸信介对池田勇人"国民收入倍增计划"的评价称,"经济政策就算是一介官僚也能承担,而外交和安保政策才非政治家不可"。③显然,安倍之志决不在经济。

综合其批评与其宣示来看,"摆脱战后体制"所追求的是以政治为重点的"国家自立",经济等生计问题无疑是需要"摆脱"或"总结"的"旧",而保守价值则是与之相匹配的需要着力发展的

---

① 安倍晋三、『新しい国へ 美しい国へ完全版』、文春新書 2013 年版、第 12 頁。

② 「安倍前首相インタビュー理念失えば自民漂流辞任決断は9月11日夜」、『産経新聞』2007 年 12 月 25 日。

③ 安倍晋三、「『文藝春秋』新年特別号『100 年の100 人』より」、『文藝春秋 2022 年新年特別号』2022 年 1 月号。

"新"。"摆脱战后体制"路线就是从目标一转向目标二，从经济转向政治。

最后，尽管宏观环境要求安倍政权在一定程度上兼顾经济需求，但其经济政策依然服从于国家主义（而不是任何经济学流派的）的逻辑。不可否认的是，到了安倍执政期，日本尽管仍保持着世界经济总量排名前三的地位，但其宏观经济增长乏力多年，致使日本内外围绕国家发展前景的期望趋于消极。不可避免地动摇了日本大国化的经济和社会基础。因而，不能完全否定安倍政权在政权运营需求之外的经济意图，但其经济政策根本立足点仍在于"保守"。

正如京都大学教授佐伯启思指出的那样，财政均衡主义、小政府、现代金融理论（MMT）等都只是发展经济可选择的手段而非保守主义的原则，"守护那些金钱换不来的，超越了金钱利益的事物才是所谓的保守"。[①] 在《致崭新之国》中，安倍表示要"在市场经济中，寻找重视传统、文化、地域的、符合瑞穗国的经济理想"，并将这一经济理念概括为"瑞穗资本主义"。[②] 安倍不仅是希望实现自由市场经济与传统价值之间的调和，更将发展经济的最终落脚点置于传统价值之上。而国家、乡土、家园等作为传统价值的核心，正是"超过金钱可衡量的价值"所在。因此，安倍经济学的内在逻辑仍是国家主义而不是所谓的新自由主义，其主题在于"强国"，是其大国化目标的必要辅助和补充。

只有从国家主义的角度理解"安倍经济学"，才能前后一致地解释 2012—2015 年的"三支箭"以及 2016 年的"新三支箭"之间大相径庭的就业政策改革方向。如果说 2015 年的《劳动者派遣

[①]「安倍政権は何を保守したのか　佐伯啓思さんが見たアベノミクスの功罪」、『朝日新聞』2022 年 11 月 6 日。
[②] 安倍晋三、『新しい国へ　美しい国へ完全版』、文春新書 2013 年版、第 244—246 頁。

法》改革符合新自由主义经济学的话,那么2016年的"工作方式改革"则带有与之完全相反的"国家调控"意味。2015年9月,在鼓励民间投资的"第三支箭·成长战略"指导下,日本修改了《劳动者派遣法》,大幅降低企业使用派遣等非正式员工的门槛,实际上使得企业可无限期使用非正式员工而不必到期给予其转正待遇。此后,出于次年参院选举考虑,安倍政权再无放宽就业雇佣限制动作。然而到了2016年,同样的安倍政权却在"新三支箭"中"优化社会保障"的名义下,推动"工作方式改革",推进非正式员工与正式员工之间实现同工同酬。至此,继承自小泉政权的"新自由主义"改革色彩从"安倍经济学"中消失不见。事实上,安倍还以首相名义连续介入劳资"春斗"谈判,支持"加薪"诉求。这些举动显然都违背了"新自由主义"市场原理。安倍显然并不是任何经济原理的信徒。从中可以看出的反倒是"为了增强日本经济,夺回强大日本,不惜违反市场原理,不论经济政策之间是否自洽,必要时进行国家干涉"[1]的国家主义立场。或许是因为同为国家主义者,京都大学教授中西辉政准确地体察了安倍经济政策的本质。在宣称安倍所推行的是新自由主义改革的喧哗中,中西辉政坚定地主张新自由主义改革不是安倍的本意;第一次安倍政权的带有"新自由主义"色彩的经济政策不过是"永田町(官僚)与经济界联合裹挟的结果","与安倍本意相去甚远";其理由在于新自由主义这种势必扩大贫富差距而削弱日本社会"上下一体"凝聚力的改革导向与保守立场背道而驰;"万幸"改革方向在第二次安倍政权任内得以修正。[2] 共同社资深政治记者柿崎明二也认为,"安倍经济学"本质上更接近于岸信介的"统制经济"观念,

---

[1] 浜村彰、「安倍政権下の労働法制・雇用政策」、『大原社会問題研究所雑誌』2017年2月号、第23—24頁。

[2] 中西輝政、『救国の政治家亡国の政治家』、飛鳥新社2014年版。

认为应该从国家层面对于无序的经济活动进行计划和干涉以实现产业兴隆；其源头又可追溯到北一辉"国家改造论"的经济部分。①

综上所述，本书认为"摆脱战后体制"路线虽然涉及一定的经济内涵，但经济政策并非路线的重要内容，而是处于边缘和从属的地位；看似"将经济政策挺在前头"，实际只是"摆脱战后体制"这一安倍路线对于现实政治条件的妥协。鉴于此，本书后文将不再专门考察安倍的经济政策。但需特别指出的是，即便是身为"边缘"和"妥协"的经济政策也依然处于国家主义的指导规范之下。从侧面再次印证了国家主义对于包括"摆脱战后体制"路线在内的"安倍政治"整体的底层逻辑的作用。

本章小结

与"重经济、轻军备"的"吉田路线"相反，安倍政权"摆脱战后体制"路线的重点在政治而不在经济。基于安倍本人的战后体制观，安倍政权从统治体制、意识观念、国际地位三个角度出发，追求恢复日本国权、重振日本民族精神和实现政治大国地位，从国际和国内两个层面，全面突破有形及无形的战后体制。本章归纳了路线的三大主题和就像中心任务清单，为后文进一步梳理相关实践并对实践效果进行整体评估提供线索。

---

① 柿崎明二、『検証安倍イズム——胎動する新国家主義』、岩波書店 2015 年版、第 170—175 頁。

第四章 "摆脱战后体制"路线的对内实践

　　安倍属于近年日本少有的"理念导向政治家",其政治主张明确、稳定,以贯彻自身政治理念为政治活动的主要动机,宣称为了信念"虽千万人吾往矣"。[1] 他的"理念型政治"并不排斥诸如掩饰、隐瞒和欺骗等现实的政治手法,[2] 但其主要政治活动在方向上与其理念吻合。客观上,尤其在第二次安倍政权期间,相对成功的政权运营给予其相当优越的执政条件,拥有较大的空间充分贯彻其政治理念。主客观因素决定了安倍在多数情况下的言行较为一致,[3] 为梳理"摆脱战后体制"路线相关政治实践提供了便利。

　　需要额外说明的是,安倍本人否认"摆脱战后体制"路线具有超出日本一国内政范畴的意图,[4] 为了对这一不符合事实的说辞给予正面反击,本书将该路线相关政治实践划分为对内、对外两部

---

　　[1] 安倍晋三、『新しい国へ　美しい国へ完全版』、文春新書2013年版、第43頁。

　　[2] 在与冈崎久彦的座谈中,安倍以岸信介为例,主张政治家应该将个人私德与"政治道德"分开。所谓政治道德实际上就是"(政治)目的正确,手段不论"的意见。安倍认为,为"维护国家利益"、达到自身的政治理想而在必要时采取欺骗、背信等手段并不妨碍岸信介成为一个"言行一致"的人。安倍晋三、岡崎久彦、『この国を守る決意』、扶桑社2004年版、第193—198頁。

　　[3] 曽我豪、「本誌『語録』に刻まれた功と罪」、『文芸春秋』2022年9月号、第168頁。

　　[4] 参见本书第一章第二节。

分进行梳理。本章将详解其中主要关涉日本内部政治改革的部分。当然，无论就逻辑还是实践而言，这两部分并非截然分开，而是既密切联系又相对独立。安倍政权亦以"内外并行"的方式推动日本国家整体摆脱战后体制。

第一节 修宪实践：多角度推进修宪进程

安倍对修宪的执着贯穿其政治生涯始终。尽管时有包装掩饰，但两次安倍政权皆坚定"锚住"修宪目标，同时亦根据现实政治条件变换策略，多角度推进修宪进程，塑造有利于修宪的内外环境，在妥协后取得一些阶段性成果，不断靠近日本自主制定宪法的最终目标。

一、罗织修宪政治势力

在宪法学中，现行日本宪法属于"硬性宪法"，拥有超过所在国其他一般法律的优越性以及相应的稳定性。与"软性宪法"相比，硬性宪法"改正之手续，颇为繁难"，[①] 门槛较高。现行日本宪法自1946年颁布以来从未被修改。对修宪程序进行规定的主要是现行宪法的第九十六条，即"修宪条款"。在第一次安倍政权期间，又颁布了《国民投票法》作为补充。现行宪法第九十六条第一款规定，"本宪法的修订须经各议院全体议员2/3以上的赞成，由国会发起动议，向国民提出并得其承认。此种承认，必须在特别国民投票或国会规定的选举时进行投票，必须获得半数以上的赞

[①] 梁启超著，范忠信编：《梁启超法学文集》，中国政法大学出版社2000年版，第290页。

成"。也就是说,明文修宪必须首先满足"修宪势力在众参两院同时达到 2/3 及以上绝对多数"这一硬性指标。"55 年体制"下,以社会党为首的护宪势力尽管长期在野,但仍能凭借约 1/3 的国会议席数阻止修宪势力进攻的原因正在于此。因此,如何维持、培育乃至团结国会的修宪势力是达成修宪最初的现实需求。

(一) 维持自民党"修宪政党"属性

自民党从立党之初就明确将"制定自主宪法"作为本党方针,是战后日本政坛最重要的修宪势力,扮演了中心或"大本营"的角色。但该政党的修宪方针在 20 世纪 90 年代中后期有过短暂的动摇,曾公示过以淡化修宪色彩为重要内容之一的"1995 年新宣言"。这段时间亦是安倍涉足日本政坛之始。1993 年,安倍"子承父业"当选众议员后不久,旋即和中川昭一等党内"少壮派"议员一起,在彼时的自民党改革中维护该党的修宪立场。此后,安倍很快以前所未有的速度在日本中央政坛跃进,接连出任官房副长官、自民党干事长和代理干事长、官房长官等要职,进入自民党高层,影响力日益扩大,介入同时期自民党改革进程愈深。在安倍等党内修宪势力的积极活动下,"1995 年新宣言"在世纪之交后很快被束之高阁。党内修宪氛围不退反进。

2004 年,已出任自民党干事长的安倍在美国智库演讲时宣称,"战后我国因受到战败的束缚,将宪法视为'不灭大典'的现象蔚然成风,必须予以打破"。[①] 次年,自民党通过"立党 50 周年宣言",重新将"制定新宪法"确立为党纲的第一条。安倍在其中发挥了重要作用,为修宪势力成功守住自民党这一最重要的政治集团。2010 年民主党政权时期,自民党再次推出的新纲领复古色彩

[①] 「[加速する憲法論議](上)自民、改憲色まだら模様(連載)」、『読売新聞』2004 年 5 月 8 日。

明显趋浓。2012年4月，自民党发表宪法修正的本党方案（以下简称"2012年自民党修宪方案"）以及配套的官方问答集锦，对修宪提出全面且激进的要求。2018年3月第二次安倍政权期间，经过与朝野各党多方磋商酝酿，自民党修宪本部正式敲定了本党"修宪4个项目条文草案"，并在3月25日党大会通过的"2018年党的运动方针"中获得认可，成为近几年该党的主要修宪方案。2018年自民党运动方针比2017年及之前增加了大幅修宪相关内容。此后，在安倍任内的2019年、2020年，修宪始终被置于自民党运动方针的突出位置，直至新冠疫情暴发打乱了日本的政治进程。

（二）确保修宪政权存续

两次安倍政权显然都明确以"推进修宪"为目标，但出于前次执政教训，安倍再次上台后处置修宪问题上的政治手法更加务实，紧盯国会运营状况调整修宪推进节奏，将确保修宪政权自身的存续置于首位。2012年安倍二次上台之初，由于众、参两院扭曲问题未解，其2013年初的施政演说全程采取了低姿态，未高调宣扬包括修宪在内的政治抱负；而当执政联盟在国会占优，政权安全无虞时，其推进修宪的节奏则大大加快。

变化最初始于2013年执政联盟于参议院选举中大胜，获得众、参两院控制权之后。此后，安倍领导的执政联盟接连在国政选举和地方选举中获胜，修宪气运随之不断高涨。即便在安倍政权强推"新安保法案"强闯国会，部分"解禁集体自卫权"，在日本国内引发规模较大的反对运动前后，执政联盟依然分别于2014年众议院选举、2016年参议院选举等关键年份选举中保持优势。修宪势力更于2016年参议院选举中，顶住护宪反安保运动压力，拿下参议院2/3席位，在众、参两院的议席数同时超2/3绝对多数，满足发起修宪动议的必要条件，标志着日本和平势力此番旨在拦截法案和夺取政权的奋力一搏以失败告终。安倍政权的内阁支持率更在短暂下挫后稳步恢复,其后继续稳定执政,向长期政权发展,显示出较强的韧性。在国政选举显著优势被再三证明之后,政权推进修宪的步伐更大,意图更不加掩饰。2017年5月3日,安倍在保守团体"日本会议"相关团体"修宪公开论坛"集会上的视频致辞中称,"希望2020年成为新宪法启动之年",被视为就修宪日程发出明确信号。[①]"任内修宪"的现实意味更趋浓厚。由于在自民党选举前公约中夹带了"修宪"内容,此次大胜被安倍政权解释为民意对修宪的授权。在选举结果公布次日的记者发布会上,安倍旋即表示将"围绕如何将公约中明确的基本思路发展为具体的条文草案深化党内讨论,向国会宪法审查会提交(修宪的)自民党方案"。次年,自民党拿出了本党的"修宪4个项目条文草案"。此后,以本党修宪方案为基础,促进国会和公众舆论的修宪讨论成为自民党修宪推进本部的主要活动方针。

综观整个第二次安倍政权期间,自公联盟在全部6次国政选举和2次统一地方选举均表现出色,在众议院始终占据超2/3的绝对多数,在参议院亦保持过半的相对多数,牢牢掌握国会,保持着对中央及地方政治的掌控力;主要执政党——自民党的支持率稳定保持在30%—40%的水平;内阁支持率多次出现短暂下降却降而不崩,而后又再度回升的模式。与民主党政权时期的大起大落相比,第二次安倍政权时期的执政党和内阁支持率虽有小幅波动,但总体而言在全时段都处于稳定状态。政权生存无虞成为安倍推进修宪抱负的雄厚资本。

(三)推动修宪势力形成阵营

安倍政权任内,中央政坛的政党结构尽管呈现失衡的"自民

[①] 「首相『2020年に新憲法』9条に自衛隊明記」、『日本経済新聞』2017年5月3日。

独大"格局，但由于日本就修宪设定了较高的门槛，必须同时在众、参两院有超过 2/3 的议员联署方能发起修宪动议，所以就算能确保全部本党议员的投票"忠诚"，仅凭自民一党亦难以达到这一条件。这使得修宪的发起势必需要团结包括其执政伙伴——公明党在内的其他潜在修宪势力。

安倍在推进修宪问题上并未过多拘限于执政联盟内外之分或议事程序的先后之别，而是在扩大自民党党势的基础上，加强与维新党①等其他支持修宪的在野党合作，反过来裹挟长期以"和平政党"自居而对修宪持谨慎立场的执政伙伴——公明党，迫使后者在"解禁集体自卫权"等修宪关键议题上予以合作。2013 年，围绕对宪法第九十六条的修正，自民党、日本维新会以及大家党作为支持修宪一方的政治势力往来密切，俨然以阵营形式共进退，给予了公明党以莫大的压力。公明党内出现了对安倍罗织"公明包围网"的担忧。② 有媒体爆料，公明党执行部实则迫切希望避免与自民党的摩擦，包括在集体自卫权上最终妥协的原因也是"以政权联立为重"。③

二、降低修宪的制度与社会心理门槛

现行日本宪法"主权在民"的基本原则决定了"最高主权者"——全体日本国民的赋权是修宪的必备条件。针对围绕宪法的民意及其表达，两次安倍政权分别做出了相应的"努力"：先是

---

① 原日本维新党于 2015 年分裂，创始人桥下彻重新成立"大阪维新会"，并于 2016 年更名为"日本维新会"重返国政。后文若非在特定时间段内或经特别说明，将统一使用"维新"或"维新党"称呼维新系政党。

② 「強気の首相　公明危機感『道は外さない』」、『読売新聞』2014 年 1 月 7 日。

③ 「集団的自衛権　解釈見直し　公明　連立維持へ妥協も　幹事長『手続きを協議』」、『読売新聞』2014 年 2 月 22 日。

通过相关立法进一步完善修宪法律程序，为有朝一日民意"达标"时顺利发动修宪进行法律预备，实现遵照民意修宪的"有法可依"。同时，该举措和第二次安倍政权围绕修宪作出的各类举措一起，极大地增强了日本政界乃至社会层面"修宪"的话题热度，营造了相关讨论氛围，打破了战后以来"宪法神圣不可侵犯""修宪不可讨论"的社会舆论和心理禁忌，使修宪作为一项政治日程更具现实意味。

（一）颁布《国民投票法》，填补修宪相关制度空白

"修宪条款"规定修宪必须以在"国民投票"中获得半数以上赞成的形式取得全体日本国民的"认可"。但在2007年之前，具体应如何开展国民投票却处于事实上无法可依的状态，是日本修宪势力达成修宪需要率先解决的法律障碍之一。早在1952年，日本政府内部就曾有过与"国民投票"程序相关的立法动向，但最终在国会审议之前就不了了之。[①] 冷战结束之后，受俄罗斯等苏联加盟共和国接连制定《国民投票法》等启发，日本修宪势力开始密集提出制定类似法律的主张。小泉政权期间，《国民投票法》相关立法问题一度成为政界热点。但该法律真正制定并颁布发生于2006年开始的第一次安倍政权期间。

2006年9月竞选自民党总裁期间，安倍在候选人首次集体公开露面的记者招待会上就明确表示：将争取完成《国民投票法》的立法，以此作为启动修宪进程后的首要目标。出任首相后，又在当年秋季临时国会开幕的施政演说等场合对上述政策目标予以重申。2007年，因主要在野党——民主党出于春季统一地方选举以

---

① 当年12月，日本政府选举制度调查委员会曾向内阁提出过相关建议。次年1月，自治厅也向内阁提出了《日本宪法修正国民投票法案》。此后，修宪的国民投票程序相关议题便从日本中央政坛销声匿迹直至20世纪90年代。

及夏季参议院选举的考虑，最终拒绝同执政联盟就立法草案进行协商，执政的自民党和公明党两党决定单独向国会提交立法草案，并利用国会议席优势，不顾在野党势力反对，分别于当年的4月13日、5月14日获众、参两院通过，于3年后生效。2007年8月，修宪关键机构——众、参两院的宪法审查会成立。

《国民投票法》详细规定了围绕修宪开展国民投票相关机构、投票权限、方式、流程等具体事务，如国民投票的对象仅限于修宪；投票期间媒体广告投放规定等。该法的颁布解决了多年来悬而未决的修宪法律程序问题，使修宪的法律路径变得更加清晰，因此受到修宪势力的普遍欢迎。长期以来积极鼓吹修宪的《读卖新闻》在社论中兴高采烈地称2007年为"宪法颁布60年以来被载入史册的一年"。① 与此同时，该法案从国会审理期开始就不断遭到来自护宪势力的抗议。法案通过之后，包括作为安倍"政治地盘"的山口县在内，日本多地爆发了规模不一的反对运动。部分日本护宪势力一度提出废除《国民投票法》的要求，此后类似诉求亦不绝于耳。该法对于投票权起始年龄的规定也引发争议。在2022年4月1日前，日本民法规定的成人年龄是20周岁，并且直到2015年才正式修订《公职选举法》，将在公职选举中取得投票权的年龄降至18周岁，并于次年生效。但是2007年颁布的《国民投票法》却规定日本公民年满18周岁即可参加修宪公投。也就是说，在修宪这一涉及国家根本、更需要选民进行审慎判断的重要问题上，对包括投票年龄在内的相关投票资质要求比起一般性选举却相对宽松，甚至连部分不具备完整民事行为能力的未成年群体都能参加。这一法理矛盾在法案审理时就有意见指出，但并未因此打乱法案的审理与出台进程，并且一直到第二次安倍政权期间才最终获得

---

① 「［社説］憲法施行60年　歴史に刻まれる節目の年だ」、『読売新聞』2007年5月3日。

解决。

（二）推动社会心理对修宪"脱敏"

第二次安倍政权在修宪问题上频繁行动，包括但不限于发表修宪言论、推动自民党细化修宪方案、提出修宪日程表、坚持将修宪列入正式政治日程等。其首要目的未必在于真正实现任期内修宪，而是通过不断制造修宪话题的方式引起关于修宪的国民讨论，打破战后日本民众心中宪法作为"不灭的大典"不可动摇的神圣性质。当然，若能在"紧急事态"等部分条款成功突破，制造修宪先例的话更是意外之喜。加强讨论和制造先例归根结底都是为修宪"脱敏"，替未来有朝一日的修宪大计"铺路"之举。安倍政权在修宪问题上的这番"苦心"显然与现行宪法的民意基础、现状以及表达有关。

首先，战后围绕修宪的事实"禁忌"成为修宪的现实阻碍。现行日本宪法自颁布以来历经七十余年的岁月，其间从未被修改。仅就这一结果而言，即使是最顽固的修宪论者也不得不承认，现行宪法在某种意义上已然深植于战后日本社会，不仅拥有相当的民意基础，也存在不小的社会心理惯性支持，俨然成为"不灭的大典"。北海道大学的宪法研究者川口晓弘指出，以"九条之会"为代表的部分日本护宪势力对宪法的拥趸近乎偏执，只能用"信仰"来形容。[1] 这使得民意认可成为修宪需要越过的根本性障碍。这不仅仅是因为"修宪条款"中存在"（修宪）须在国民投票中取得过半赞成"的程序性问题，更可能在内阁支持率等更广泛的意义上关系到修宪政权、政党和首相的政治生命。正如在本书第一章中谈及的，第一次安倍政权在短时间内夭折的经验教训，至少在第二次

---

[1] 川口暁弘、『ふたつの憲法と日本人：戦前・戦後の憲法観』、吉川弘文館2017年版、第285—290頁。

安倍政权初期势必令新政权有所顾忌。①

其次，围绕修宪的民意近况复杂。整体而言，近年的民调显示，日本民众，尤其是经《国民投票法》和《公职选举法》下调选举年龄新获得选民资格的年轻群体对修宪的抵触意识明显下降。例如，《读卖新闻》的民调显示，2015年前后，受访民众中"支持"或"反对"修宪的意见已基本呈现势均力敌的状态。② 到2022年初，即使是倾向"护宪"立场的媒体——《朝日新闻》的民调中，修宪支持者与反对者的比例也已达到45%对44%。③ 仅就数字而言，似乎逼近修宪所需国民投票中的"过半数赞成"标准。但与此同时，即便是成功度过2015—2016年"新安保法案"引发的政权最大危机，表现出继续向超长期政权发展的强大韧性的第二次安倍政权，在2017年前后其政局掌控力尚未受到森友、加计、赏樱会等丑闻打击，推进修宪的内外形势最有利、修宪气氛达到阶段性高潮的数年间，依然未抓住时机果断在国会发起修宪动议，事实上，以上结果说明了政权对于能否就修宪"国民投票"取得预期结果并无十足把握，从而反证了修宪相关民意呈现出比前述民调结果更为复杂的面貌。

事实上，"修宪"在2017年自民党竞选的六项公约中仅敬陪末座，表明自民党亦知道"修宪"并非当前选民关心的主要议题，对选民的吸引力有限。同时期民调显示，选民最关心的依然是社会保

---

① 如骏河台大学政治制度专业教授成田宪彦认为，安倍政权在参议院选举前不顾民主党反对强行推动《国民投票法》成立，导致自民与民主两党协商修宪的合作关系破裂。宪法审查会成立后亦因为民主党的阻挠，迟迟无法运作。此后民主党在参议院选举中获胜，在"扭曲国会"下，自民与民主则更加对立。「年間連続調査「日本人」 憲法論議、時代を反映　二院制・裁判に関心＝特集」、『読売新聞』2008年4月8日。

② 「憲法記念日75年『変化を』鮮明本社世論調査」、『読売新聞』2022年5月3日。

③ 朝日新聞社、「いま憲法をどう考える」、サイト、https://www.asahi.com/politics/yoron/kenpo2021/。

障、消费税上调等民生问题。2017年众议院选举产生的最大在野党也并非同样持修宪立场的"希望之党",而是明确反对自民党修宪的立宪民主党,说明选民中可能仍旧存在不容小觑的反修宪力量,并且行动上较为积极。而即使在倾向赞成或至少是"默许"修宪的选民群体中,除一部分认为"时不我待"的铁杆修宪势力外,不为修宪设定具体日程才是更普遍的民意。第二次安倍政权期间主要媒体民调均反对"在其任内实现修宪"。[①] 这说明日本民众对修宪的支持仍停留在一种模糊的状态,更多的是作为一种远期目标表示支持。甚至在修宪势力内部,围绕具体的修宪方案仍存在着难以调和的分歧。2018年,自民党在其正式推出的"修宪4个项目"中,针对最敏感的宪法第九条,舍弃了2012年党修宪方案中"删掉第九条第二、三款"的激进方案,而是提出在保留宪法原第九条不变的基础上加入"自卫队"项目,即相对温和的"自卫队入宪（加宪）"方案,正是向公明党、小泽一郎和枝野幸男等其他"支持修宪但反对删改第九条"的势力让步,争取更多支持。在"修宪4个项目"将"紧急事态条款""教育无偿化"和"消除参院合区"等相对低敏感的宪法条款修正案与旨在触动宪法第九条的"自卫队入宪"相捆绑,同样意在降低一般选民的反感,扩大修宪方案的潜在支持者。

再者,国民投票结果难以预估。围绕修宪的民意的模糊性直接导致难以对修宪国民投票结果进行较为准确的预测。上述分析之外,国民投票也存在投票率的问题。第二次安倍政权任内,国政选举的投票率持续在低位徘徊,2014年众议院选举更创下了52.66%的新低;2019年参议院选举的投票率也仅为48.8%。这意味着每两个选民中就有一人未投票。安倍和自民党"铁杆支持者"的投票热情相对较高,而这部分人群支持修宪的比例相对全体选民而言显著较高。

[①] 「安倍政権のもとで改憲『反対』58％朝日新聞世論調査」、『朝日新聞』2020年5月3日。

另外，大部分日本宪法学者认为，"修宪条款"所规定的"在国民投票中取得过半数赞成"指的是在国民投票中获得有效选票总数过半。① 因而仅就逻辑而言，形势似乎站在修宪势力一边。但由于宪法毕竟关系到国家生活的基本形态，具有一般国政选举难以企及的重要意义，再加上前面提到的反修宪势力未必就丧失了动员和行动能力，难以判断国政选举的低投票率是否会在修宪相关国民投票上重演。

综上所述，尽管表面上看来2016年参议院选举、2017年众议院选举后发动修宪的程序性前提都已具备，但对于修宪国民投票的结果，安倍政权和自民党实则并无十足的把握。而国民投票对宪法相关的反应显然比其一般性国政选举中政党或候选人竞选公约中的相关内容要更直接有力，一旦出现了修宪提案在国民投票中被否决的情况，至少在相当一段时间内，甚至在一代人内再难推进修宪。为尽力规避修宪被拦截风险，整体上提高修宪成功率，安倍政权并未一味追求立即实现明文修宪，甚至为此选择任内强行发动修宪国民投票等激进手段，而是策略性将围绕修宪的国民心理"脱敏"作为修宪进程的一部分稳妥进行。民意在修宪问题上逐渐松动的变化趋势也反证了安倍策略取得了一定的预期效果。虽然未能实现任期内修宪或"在2020年实施新宪法"，但第二次安倍政权在战后日本宪法史，尤其是"反战后"修宪运动中无疑具有相当重要的历史地位。

三、解释修宪突破宪法第九条对日本军力限制

"解释修宪"② 是相对于"明文修宪"而言的，亦即非经法律

---

① 国内情势研究会编、『検証自民党　憲法改正草案』、ゴマブックス株式会社2016年版、第61頁。

② "解释修宪"的源头可以追溯到战后初期保守政论家福田恒存的"当用宪法论"。福田认为战后日本宪法不过是为"应付当前一时之需"的产物，因此借用"当用汉字"（意为"当下使用的汉字"）的说法将宪法称为"当用宪法"。"保守主流"的缔造者，同时也是现行日本宪法颁布时的首相——吉田茂本人也持有"当用宪法"的观点。

程序变更宪法条文（明文修宪），而是通过变更对条文的解释，在宪法的应用层面达到与明文修宪相同的效果。由于现行日本宪法的"硬性"，在战后日本现实政治进程中，"解释修宪"才是保守势力实现事实修宪的常态。即使对于以最终实现自主制定宪法①为使命的安倍及其"摆脱战后体制"路线而言，在锲而不舍推进明文修宪的同时，亦采用"解释修宪"并举的现实道路，并最终在集体自卫权问题上达成对宪法第九条的重要突破，实现对宪法"和平主义"原理的重要突破。

事实上在战后日本，依靠灵活诠释宪法来弥合条文与现实政治之间的种种矛盾与脱节之处，一直是现行日本宪法实践的常态。众所周知，日本于宪法第九条中明义声明放弃国家对外交战权及相应的战力。若严格遵照宪法，日本理应禁止一切武力行动，处于彻底的"非武装"状态，不拥有任何形式的"战力"。吉田政权时期，政府一度主张日本放弃的国家交战权中包括自卫权。但其后出于重新武装的需要，又改口称宪法第九条放弃的国家交战权指的是"以国权发动的战争即侵略战争"，而"出于自卫的战争"并不包括在内。也就是说，宪法对日本国家的交战权和"战力"限制被转化为自卫权及其衍生问题。② 吉田之后的历任内阁继承了"宪法不限制日本拥有自卫权"的解释，同时主张日本在宪法第九条之下拥有"单独自卫权"，并且可以"维持出于自卫目的之武装力量（即战力）"。官方解释还认为，在宪法第九条第二款对军备的限制性规定维持不变的前提下，日本的"自卫力"必须不能超出必要

---

① 显然首先是"明文修宪"。
② 国际法意义上的"自卫权"分为"单独自卫权"与"集体自卫权"两类。1945年制定的《联合国宪章》第51条规定，主权国家拥有单独或是集体自卫的固有权利。所谓"单独自卫权"指的是"主权国家在受到他国的武装袭击时，依靠武力量予以排除的权力"。"集体自卫权"指的则是"主权国家在与本国关系密切的国家卷入他国武力纷争时，无论自身是否受到攻击都拥有的以武力介入纷争的权力"，属于"集体安全"的范畴。

最小限度，并规定了"自卫权发动三条件"。① 任何超出"必要最小限度"的行为即使是出于自卫也都是宪法不允许的。围绕集体自卫权，在第二次安倍之前的日本官方宪法解释认为，日本拥有但不可行使集体自卫权。因为集体自卫权虽然也可被视为自卫的一种，但其行使已然超出了必要最小限度，构成违宪。

然而，上述宪法解释却在第二次安倍政权任内被强行改变。早在第一次安倍政权期间，安倍就已明确表露过"解禁集体自卫权"的强烈意愿。2006年9月参选自民党总裁的首次记者招待会上，作为强化日美同盟的关键步骤之一，安倍就抛出了"解禁集体自卫权"的主张。此后又在施政演说、国会答辩、答记者问等各种公开场合强调解禁的重要意义。2007年4月，安倍指示内阁出面召集"关于重构安全保障法律基础恳谈会"（以下简称"安保法制恳谈会"）。这一恳谈会在第二次安倍政权期间亦频繁活动，主要研讨集体自卫权等安保相关事宜。恳谈会成员是日本前驻美国大使柳井俊二、前防卫厅参谋长联席会议（统合幕僚会议）主席西元彻等"清一色"的修宪派。安倍也亲自参会并引导会议方向。恳谈会结论可想而知。2014年5月15日，该恳谈会向安倍提交最终报告书，称鉴于地区安全前景变化，建议日本修改对"和平宪法"的解释，以解除行使集体自卫权的障碍。与此同时，针对事实上把持宪法解释权但又相对独立的内阁法制局，则利用官邸逐渐形成的强势地位调整官僚人事，撤换反对"解禁集体自卫权"的内阁法制局局长山本庸幸，② 改为支持解禁的小松一郎、横畠裕介先后出任局长。

---

① 自卫权发动三条件为："日本遭到紧急不当的武力侵犯"；"没有其他合适手段可以排除侵犯"；"武力行动控制在最小必要限度的情况下"。满足这三个条件才允许行使自卫权。

② 在接受朝日新闻社的采访时，山本庸幸证实其本人因不认可修改相关宪法解释而遭到撤换。朝日新闻取材班、『自壊する官邸 「一強」の落とし穴』、朝日新書2021年版、第26頁。

通过展现服务于政策需求的人事动作，安倍政权成功迫使内阁法制局转变立场，变更相关宪法解释，为"解禁集体自卫权"放行。

2014年7月1日，在前期意见统合、人事和机构调整等一系列准备基础上，安倍政权通过内阁决议，即"安保法制整备相关内阁决议"，变更宪法第九条的宪法解释，推翻"自卫权发动三条件"，代之以"武力行使三条件"。① 其中的第一条，"日本遭到武力攻击，或与日本关系密切国家遭到武力攻击，威胁到日本的存亡，从根本上对日本国民的生命、自由和追求幸福的权利构成明确危险"，将自卫权发动的前提从日本本国受到攻击的"武力攻击事态"扩大至日本本国未受攻击，但与日本关系密切的国家受到武力攻击进而"危及日本国家存亡，恐从根本上颠覆国民生命、自由以及追求幸福的权利"的"存立危机事态"。次年，安倍政权又依据新的宪法解释，向国会提交并强行推动通过了以集体自卫权为核心内容的"新安保法案"。② 就这样，安倍政权在不改变宪法第九条原文的情况下，通过修宪解释解禁了集体自卫权，实现了宪法第九条对日本军备限制的突破。

第二节　行政改革实践：加强中央集权

20世纪90年代以来，日本所处的国际战略环境因冷战结束陡

---

① 武力行使三条件为："日本遭到武力攻击，或与日本关系密切国家遭到武力攻击，威胁到日本的存亡，从根本上对日本国民的生命、自由和追求幸福的权利构成明确危险"；"为保护国家和国民，没有其他适当手段可以排除上述攻击"；"武力行使控制在必要最小限度范围内"。满足以上三个条件可发动武装行动。

② 即《和平安全法制整备法》（2015年9月30日第76号法令）与《国际和平支援法》（2015年9月30日第77号法令）的总称，也称为"和平安全法制"或"和平安全法制关联2法"。"新安保法案"是中日学界、媒体等研究、报道中的常见简称。为叙述简洁起见，后文非经特别说明，将统一使用"新安保法案"的说法。

然变化，从根本上削弱了战后行政体制的逻辑前提。中央政治权力挑战行政体制的动向则日益显著，表现为一系列旨在强化日本权力核心——内阁和首相制度性权力的行政体制改革接连上演。安倍政权正是在这一"平成行政改革"的延长线上继续推进以政治主导为主要特征的行政改革，给予战后行政体制以一记重击。

一、强化政治主导，彻底转变政治决策模式

两次安倍政权都将调整中央行政机关权力运作模式作为重点政策之一。特别是在第二次安倍政权期间，吸取上次执政的经验教训，凭借安倍个人、首相官邸及自民党在日本政坛的绝对统治力，调整政官关系，大幅加强政治权力对官僚的控制，打破了战后行政体制下政治决策的"官僚主导"模式。国家政策制定的事实权力从官僚系统转向由首相及官房长官、首相辅佐官等少数政治精英构成的官邸决策团队，表现为官邸主导型政治主导模式。

（一）利用人事控制官僚系统

人事问题是两次安倍政权推进中央省厅行政改革的主要抓手。2007年，第一次安倍政权成立了"公务员制度的综合改革恳谈会"，提出由内阁统管人事的改革方向，推动制定了相关改革基本法案草案，亦即后来的《国家公务员制度改革基本法案》（以下简称《公务员改革法》）雏形。2014年，二次上台的安倍又推动参议院通过《公务员改革法》修正案。同年5月依据《公务员改革法》新设"内阁人事局"。该机构对于权力核心从整体上控制官僚系统发挥了关键作用。

《公务员改革法》及其修正案将中央省厅中包括事务次官、局长、审议官等共计600名官员的任命权统一交由内阁管理；其任命和调动等人事由担当大臣与首相、官房长官协商后决定。从而将内阁置于"国家公务员人事管理战略中枢"的地位。其人事审核权

大大超出此前的人事研究会议责任范畴，从局长以上级别（约 200 余名干部）向下延伸至次官一级。在实际操作中，内阁人事局局长一职则由首相亲自任命的官房副长官出任，而不是制度制定初期设想的内阁官房事务次官。此外，由于第二次安倍政权任内的内阁大臣频繁更迭，人事工作实际上主要取决于首相和官房长官的意见。这些都增强了官邸直接控制中央官僚系统的能力。

在官房长官菅义伟的直接授意下，第二次安倍政权时期的首相官邸还强势介入了多个以往被视为独立性较强的机构的人事安排，例如日本银行总裁、日本广播协会局长、自民党税制调查会长、内阁法制局局长等，以推进符合官邸意愿的政策。不论是提拔重用政权政策主张的附和者、执行者，又或是打击排除反叛者，打破常规的人事任免屡见不鲜。例如在这一围绕"解禁集体自卫权"问题的关键人事安排上，官邸在撤换原局长山本庸幸，无视该职位人选一般由法务部、财务部、经产部、总务部四部门产生的惯例，于 2013 年 8 月调日本原驻法大使小松一郎出任局长，而小松一郎恰是"解禁集体自卫权"的支持者。次年，在小松一郎突然去世后又提拔横畠裕介任此职。横畠裕介原本对改变关于集体自卫权的宪法解释持否定立场，在他相关立场转变后获得这一职位。此类人事任免产生示范效应和"寒蝉效应"，从根本上造成了官僚系统的整体萎缩。

（二）强化官邸决策权

第二次安倍政权期间，首相辅佐机构显著膨胀。内阁官房机构职能明显强化，公务人员数量大增。仅 2014 年一年，内阁官房就增设了两个重要机构，分别是直接服务于国家安全保障会议的国家安全保障局，以及执掌 600 余名高级官僚任用权的内阁人事局。特别是后者，使得平成行政改革"将行政管理权置于官邸之下"以人事权的形式得到落实。伴随着官房地位升高而来的是为官邸服务的公务员数量大增。在第二次安倍政权任内，日本中央省厅公务员总数稳定在 3 万人左右，仅略有起伏。但内阁官房公务员数量却从 2013 年的 884 名，一路增至 2020 年的 1275 名。① 可见内阁官房在第二次安倍政权中尤为吃重。这一机构膨胀在日本政府内部也引起了注意。2015 年 1 月通过的内阁决议书《关于内阁官房及内阁业务的改革》实际上提出了安倍二次上台后内阁官房人员激增而造成的机构臃肿问题。② 但截至 2020 年安倍再次下台为止，该状况并无变化。与此同时，由官房长官、副长官、首相辅佐官等构成的官邸团队在日本政治运作中的存在感大增。以首席秘书官今井尚哉、内阁情报官北村滋、内阁特别顾问兼首任国家安保局局长谷内正太郎等为代表，"官邸官僚"凭借与首相之间的信赖关系，对中央政府决策产生直接影响，凌驾于其他中央省厅官僚之上。

在机构职能与人员配置变化背后，是中央省厅的政治决策流程发生了方向性的改变，重要事项上"自上而下"决策显著增多；决策权上移并集中至官邸、内阁等少数首相身边人，官邸把控中央政府决策权的倾向十分清晰。决策范式发生根本性变化，执政党、国会"族议员"等其他传统的决策参与者的作用均有弱化，而官僚系统对决策的影响则被明显压制。民主党政权时期被废除的"事务次官会议"虽以"次官联络会议"的名义"复活"，实则沦为各省厅事务次官听取事后报告或联系感情的清谈场。③ 除此之外，还有其他大量迹象可从侧面印证首相官邸在决策中的强势地位。例如可以明显观察到决策的个人色彩。如首相安倍主要关心其感兴趣的外

---

① 吴明上：《第二次安倍政权长期稳定执政之研究：以非民意支持导向的政策为焦点》，《政治科学论丛》2022 年 3 月号，第 56 页。
② 「内閣官房及び内閣府の業務の見直しについて」、内閣官房サイト、https://www.cas.go.jp/jp/seisaku/cs_minaoshi/index.html。
③ 朝日新聞取材班、『自壊する官邸 「一強」の落とし穴』、朝日新書 2021 年版、第 56 頁。

交、安保等政策；其他一般性内政事务则主要交由官房长官菅义伟处置；经产省官僚出身、重视中日经济关系的今井尚哉在2017年日本转变对共建"一带一路"倡议立场等问题上发挥主导作用等，显著不同于以往以省厅利益为主要特征的"官僚决策"模式。

二、强化中央政治权力管控

安倍政权治下，日本对外军事职能得到逐步恢复，对内统治强度同时增大，社会政策明显收紧。

（一）加强治安立法①

第二次安倍政权期间，执政联盟利用国会议席优势，密集通过了多个有争议的治安立法，分别是：2013年，第185届临时国会通过《特定秘密保护法》，赋予了行政机构指定、评估、处置"与日本（国家）安全保障相关的特定秘密"的权力，并规定了泄露特定秘密行为相关罚则；2016年，第190届国会通过《为犯罪调查进行通信监听相关法律》②（以下简称《通信监听法》）修正案，放宽警察、检察官等司法机构对民众实施通信监听的限制条件，扩大了相关职权范围；2017年，政权跳过法务委员会审议程序，推动第193届国会通过《打击有组织犯罪法》修正案，以"恐怖活动等有组织犯罪的预备罪"为名复活了"共谋罪"。密集的治安立

---

① 据日本法学家福井厚总结，日本语境下的"治安""治安法制"包含双重含义，即社会生活秩序意义上的"社会治安"以及政治秩序意义上的"治安"。前者侧重于社会成员个人生命、身体、自由、财产、名誉等的安全受到保护的状态及其总和，具有大众福祉的性质；后者则侧重于国家与社会的公共秩序（公安秩序），其实质为统治与被统治权力关系，亦即统治秩序的维持，具有明确的体制及政治含义。福井厚，「戦後治安立法の系譜と共謀罪法案（上）」，『京女法学』2017年第12号、第31—52頁。

② 媒体报道中一般简称为《通信监听法》或《窃听法》。其中，《窃听法》是对该法持有批评立场人士所使用的称呼。

法反映出了中央政治权力快速强化的动向。

不仅如此,与治安立法的强化相伴随的是军事安保体制的整体强化。战后日本国内的治安立法一直与其国家安保体制具有微妙的联动关系。吉田政权在1954年修改旧警察法以及岸政权在1957年试图修改《警察官职务执行法》的举动都与彼时日美安保体制的动向密切相关,尤其是岸政权试图通过修法强化警察职权的举动被普遍认为是其修改1951年版《日美安保条约》的先声。① 与前人一样,安倍任内治安法规强化的动向也并非孤立存在。上述三项治安立法均在不同程度上反映了这种内外联动,尤其为日本与其主要盟国——美国之间实现更加畅通的情报共享减少了障碍。美国著名"知日派",美国智库"战略与国际问题研究中心"日本项目首席专家迈克尔·格林就对《特定秘密保护法》的颁布给予了高度评价,认为该法"使美国愿意与日本分享经过科技手段取得的日本凭借一己之力得不到的情报",为日本最终加入美英等五个英语国家组成的情报共享联盟"五眼联盟"减少了障碍;② 《通信监听法》提高了日本中央政权通过广泛的国内监听获取情报的能力;"共谋罪"的成立则使得日本在刑罚权发动时间点与条件上靠向以美英为代表的普通法系,从而为政府与美英等国的秘密情报机关的合作减少法律障碍。

由于因治安立法与安保体制之间存在前述历史及现实的联动关系,治安立法及其背后反映出的中央集权强化引起了左翼人士、进步势力,以及更广泛的和平势力的广泛不安。从而在舆论中反映为对其"准备战争的法案""平成时代的《治安维持法》"等法案的激烈批判。

---

① 例如「史料にみる日本の近代 開国から戦後政治までの軌跡」、国立国会図書館サイト、https://www.ndl.go.jp/modern/cha6/description10.html。

② [美]迈克尔·格林著,谭天译:《安倍晋三大战略》,八旗文化2022年版,第273页。

(二) 削弱地区、行业自治

以厘清权责、提高效率、提升绩效等为由，安倍政权以教育、媒体为重点，在多个行业推进行政体制改革。改革具体内容因行业、地区而异，但改革方向高度一致：在央地关系上则强化中央权力、在政治与社会关系上则强化（中央与地方）行政力量的权重。

作为两次安倍政权重点政策"教育再生"的组成部分，教育行政改革充分展现了安倍行政改革方向，战后教育行政的"民主""独立""分权"三大原则成为主要改革目标。中央和地方行政权力对于教育领域的影响力得到制度性加强，教育独立性则相对下降，日本战后教育民主受到一定损害。

第一，修改《教育基本法》。第一次安倍政权主持修订1947年版《教育基本法》（以下简称旧法），对旧法第十条做了较大幅度修改，而旧法第十条正是战后教育相关法中关于教育行政三大原则的最主要制度依据，宣示教育权独立的法理。战后日本教育民主人士正是秉持该法理，与各类教育保守化政策开展斗争。例如，20世纪80年代，文部省在《学习指导要领》中明确规定在中小学的入学及毕业仪式上要升国旗、唱国歌；1999年，日本政府更颁布《国旗国歌法》，规定"日之丸"为日本国旗，"君之代"为日本国歌。文部省便依据此法通知各都道府县知事及教育委员会教育长，以该法律的制定为契机，进一步促进对国旗及国歌的认识，要求学校加强对国歌国旗的指导。但因"日之丸"和"君之代"均是天皇的象征，与战前的皇国主义、军国主义具有千丝万缕的联系，日本政府推广国旗国歌教育的一系列动向遭到了教育民主人士的强烈抵制。从1999年《国旗国歌法》公布以来，因在公立学校的各种仪式上反对悬挂国旗、合唱国歌而遭到教育行政当局处罚的教师前仆后继。

正因如此，日本国家主义者、保守主义者一直希望修改旧法第十条。2006年自民党内部讨论《教育基本法》修改案时，就有意见提出：由于日教组经常援引该条款阻挠日本政府的行政指导，因此"应删除该条款"。① 国家主义者的这一诉求在2006年《教育基本法》修订中终得兑现。新版《教育基本法》（以下简称新法）虽并未彻底删除该条款，但删除了原条款中"应对全体国民直接负责"的表述，新增"中央政府……必须综合制定实施教育政策""地方政府……必须综合制定教育政策"的内容，从而使条款含义发生了重要变化。

第二，改革教育委员会制度。② 2014年，第二次安倍政权政府修订了《地方教育行政法》，其中对于地方教育委员会制度（以下简称"教委制度"，"教育委员会"以下简称"教委"）作出战后以来的重大调整。该制度设定的本意在于确保教育反映所在地社区的民意及相关教育需求，在地方教育层面体现"民主""独立""分权"原则。调整后，中央和地方两个层级的行政权力对于地区教育行政事务的影响力得到显著增强，而其中"教委"的角色定位则进一步靠近行政力量的附属执行机构，完全失去了制度设计之初"教育权独立于行政权"的分权色彩。

为顺应日本国家主义等保守势力中广泛存在"改革教委制度"的呼声，安倍于2012年9月赢得自民党总裁选举后，很快在党内成立了"教育再生施行本部"，旋即提出改革教委制度的主张。在当年年底的众议院选举中，自民党将教委制度改革明确纳入其政党

---

① 「教育基本法 自公、改正案を了承 28日に閣議決定、提出へ」、『読売新聞』2006年4月25日。

② 教育委员会制度是地方教育行政体系的重要制度，确立于战后对日民主化改革中。其制度原型是美国地方教育体制。该制度的主要内容是，在各地方自治体设置原则上共计5人的"教委"作为本地区教育相关事务的"执行机构"。创立于战后初期的教委制度迄今已暴露出诸多问题。相关改革呼声在日本政界、日本社会早已存在多年。但教育民主人士、左翼和自由主义势力主张教委制度对于维持教育免于政治（行政）干涉依然具有重要意义。

竞选公约，提出"由（地方行政）首长经（地方）议会批准后直接任命'教育长'作为教委负责人"等具体的改革意见。2013年，安倍在年初的施政演说中宣布，将从根本上推进教委制度改革。①2月，自民党教委改革小委员会则进一步明确了本党对教委改革方向的主张，将在"维持教委（政治）中立的同时，更多反映（地方行政）首长意志"。② 经过与执政伙伴公明党的斡旋，2014年2月自民党教委改革小委员会基本拟订了改革的自民党方案，在维持教委作为地方教育行政制度"执行机关"地位等方面向公明党作出有限让步。2014年4月，内阁通过包括教委制度在内的《地方教育行政法》修正案，并将其提交国会审议。6月，修正案先后获得众、参两院批准，于2015年4月正式开始实施。

《地方教育行政法》修正案中对教委制度进行了有利于强化地方行政首长等行政力量权限的重大调整。调整后，原教委会长与教育长两职被合并为新"教育长"，由地方行政首长经地方议会批准后直接任命，任期也由原来的4年缩短为2年；各地方自治体新设由地方行政首长、教育长、教委成员等地方有识之士构成的"综合教育会议"，由地方行政首长视情召集，其主要功能是就所在地区教育年度预算、本地区学校的废立等教育行政重点内容，以及校园霸凌治理等特别问题对策进行协商，其后由地方行政首长在该协商的基础上制定本地教育行政大纲；教委则被定位为该大纲的执行机构，虽保留了本地区教科书选用、教职员人事等专项权力，但其权限遭到极大削弱。

新制度下，地方行政首长不仅握有拟定本地区教育行政"大纲"的权力，且同时掌握了教委之首——教育长的人事权力；相

---

① 「教育委員会制度的修改　安倍首相、施政方針演説の全文」、『日本経済新聞』2013年3月1日。

② 「首長に決定権の答申案、中教審提示、教育委改革、『介入強まる』異論も」、『日本経済新聞』2013年11月27日。

形之下，教育长不仅其权力遭到削弱，任期更缩短一半，处于更加弱势的地位。不难想见，地方行政首长将倾向于任用符合其教育政策需求的教育长，并在遭到对方"不服从"时及时将其更换。此外，修正案还扩大了文部省就地方教育行政事务向各地教委发出"整改指示"的权限，将这一此前仅限于紧急状况下的权限扩大至校园霸凌对策等一般性、常态化校园场景，加强了中央行政权力对于地区教育事务的管控力度。

第三，除修改《教育基本法》、调整教委制度之外，安倍任内加强教育行政领域集权的其他举措还包括于2015年部分修改了《学校教育法》，在公立大学管理体制中扩大校长职权，缩小自治组织"教授会"权限，推动行政权力向高等教育机构渗透。第二次安倍政权期间，文部省针对国立大学中那些无助于增强日本国际竞争力的人文、社会科类学科，从资金、人员编制等各方面进行了大量裁撤。在2015年4月的一次国会答辩中，安倍对国立大学提出了悬挂国旗、齐唱国歌的具体要求。

第三节 文教政策：凸显右翼保守色彩

两次安倍政权密集推行了一系列具有颠覆性质的文教改革和政策调整，旨在以文教为切入口打破战后意识再生产过程，重新树立传统、民族与国家的道德权威，使战后日本的主流意识形态克服"战败创伤"，恢复到自战前延续的自然状态，并从中发掘大国/强国主义的心理基础。

一、推动教育理念转向

第一次安倍政权主导修改了《教育基本法》，改变战后教育体制的"个人本位"倾向，重新加强日本国家意识教育，迈出了"教育再生"的第一步，同时也是重大的一步，开辟了"教育新时代"。①

出于对战前极端国家主义侵入而造成日本近代教育"军国/皇国主义化"的反思，颁布于 1947 年 3 月 31 日的《教育基本法》在开篇第一条规定：

> 教育的目的必须是完善人格、培养和平社会及国家的建设者，培养爱好真理和正义、尊重个人价值、注重劳动与责任、充满独立自主精神的身心健康的国民。

《教育基本法》是战后日本教育领域的根本性大法，有"教育宪法"之称。该法的这一条文表明战后日本教育整体从"灭私奉公"的臣民教育转向"人本主义"的公民教育；强调教育之于完善人格、实现个人价值的作用，具有划时代的意义。整个战后日本教育从制度设计到具体实践均是对该理念的阐发。

但是，战后日本教育体制遭到国家主义者的不断反对。其中，安倍晋三、冈崎久彦等激进者从"占领政策"的角度对其发起攻击，认为战后教育体制背后的理念正是基于战败体验的战后意识，即第一章安倍眼中的"战败意识"；体制所传播的也是这一意识，并借由体制的产物及拥趸——战后"进步知识分子共同体"对战后意识形态的垄断，以更广泛的意识形态手段实现代际传递与再生，因而未能在一代人的时间内自然结束。②

正因如此，保守阵营中的国家主义流派一直致力于"矫正"

---

① 「安倍首相の施政方針演説　目標達成、道筋見えず　実現へ緻密な戦略必要（解説）」、『読売新聞』2007 年 1 月 26 日。

② 岡崎久彦、『真の保守とは何か』、PHP 研究所 2010 年版、第 218 頁。

《教育基本法》中"过度的个人主义倾向"。多数"岸路线"政权都曾就此有过不同程度的行动。譬如在20世纪80年代，中曾根政权曾组建"临时教育审议会"，试图在《教育基本法》中增加国家主义内容。世纪之交的小渊政权、森政权等相继以纠正"宽松教育"为名发起教育改革。2000年，森政权任内成立的教育改革国民会议发布报告，指出应修改旧法，研讨制定"与新时代相适应的（教育）基本法"，使修法提上了政治日程。2003年3月，日本文部省内设咨询机构，中央教育审议会[①]向文部大臣提交了相关答辩书，对基本法的修改方向提出具体建议，建议增加对"爱乡爱国之心""公共精神"等作为教育基本理念的规定。小泉政权时期，执政的自公联盟经过艰难的斡旋，终于就《教育基本法》的修改方案达成一致。

但由于小泉纯一郎对于动用政治资源来推动基本法修正案在国会通过的热情有限，《教育基本法》修改问题最终被交给了继任的第一次安倍政权。与小泉纯一郎不同，安倍不仅从20世纪90年代进入政坛以来就对教育政策抱有强烈的兴趣，在其出任小泉政权的官房副长官和官房长官时，更是政府和自民党内力主修改《教育基本法》的主要人物之一。在其竞选自民党总裁时，安倍即公开许诺将"完成《教育基本法》修改"作为就任后的最优先事宜。[②]第一次安倍政权起步后仅数月内，第165届临时国会就于2006年12月正式通过《教育基本法》修正案。

与1947年版《教育基本法》相比，2006年版《教育基本法》

[①] 根据1952年6月6日公布的《中央教育审议会令》，日本政府设置隶属于文部大臣的教育审议机构——中央教育审议会（简称"中教审"），负责审议教育领域的各种问题。该机构的成立一方面体现了教育行政的制度化、科学化，但另一方面也意味着教育行政民主性、独立性的削弱。因为机构成员基本都由文部大臣任命，而文部大臣必定任命符合其政策需要的人选。

[②]「自民総裁選『ポスト小泉』の重要課題　安倍氏『柱は教育改革』」、『読売新聞』2006年8月5日。

在保留1947年版《教育基本法》前言及第一条中"个人"相关表述的同时，大幅增加了"国家""公共"等内容：在前言中，新增继承传统表述；在第二条"教育目标"中，提出要培养学生"尊重传统和文化，热爱拥有这一传统、文化精神的祖国和乡土……的态度"。这意味着"国家本位"的教育理念正式实现法治化；日本教育理念发生了从"个人本位"向"国家本位"的偏移。

依据2006年版《教育基本法》，日本政府接连于2007年6月修改《学校教育法》、于2008年修订《学习指导要领》。[①] 在《学校教育法》规定的义务教育目标中增加"尊重传统与文化，热爱拥有这一传统、文化精神的祖国和乡土"等内容；在《学习指导要领》中则明确规定："根据修改后的《教育基本法》中规定的公共精神、尊重生命与自然的态度，尊重传统与文化，热爱祖国与乡土等新教育目标，改善各门课程的教育内容"。2006年版《教育基本法》的"国家本位"理念转变迅速向下传导，战后日本教育发生关键质变。

二、推进国家历史观右倾化

打着"增进国家教育效果"的旗号，安倍政权推行历史修正主义政策，对内调整围绕历史问题的官方立场，同时强化控制历史研究、教育、传播等，打击日本国内进步史观拥趸——以教育、传播为代表的战后"知识分子共同体"；对外强调历史观上的国家间相对主义以及国家历史教育的内政属性，排除来自其周边邻国等的外交和舆论压力。

[①] 依据《学校教育法》，由文部省发布的有关初等教育和中等教育课程设置标准的指导性文件，约每十年修改一次，最近的两次修改分别为2008年与2018年。

（一）向右调整关于历史问题的日本官方立场

安倍任内，围绕数个官方谈话的斗争显示日本在历史问题上的官方立场出现整体性后退。国家史观的变化对于历史教育等文教政策的影响不言而喻。

第一，修改"河野谈话"（官房长官谈话）与"村山谈话"（首相谈话）。两则谈话分别就"从军慰安妇"①与对外殖民侵略史问题确认了日本相关的历史责任，并且各自由日本最大政党自民党的总裁以及政府首脑发表，级别高、分量重，在日本相关历史问题处置进程中具有里程碑意义。正因如此，两则谈话从政府内部酝酿伊始就遭到来自日本右翼势力的攻击抵制。譬如，右翼历史修正主义议员联盟"思考日本的前途及历史教育的年轻议员之会"即顽固地要求修改"河野谈话"，主要成员中川昭一、安倍晋三等人还曾就"慰安妇"问题干预日本广播协会电视台的节目制作，导致该节目被临时撤换，引起媒体界哗然。2007年第一次安倍政权末期，右翼势力成立跨党派议联"慰安妇问题和南京事件真相检证会"，在美国媒体《华盛顿时报》刊载政治广告，否认"慰安妇"问题和南京大屠杀的历史事实。时任首相安倍晋三则应该议联之请求，召开所谓"慰安妇相关强制性"的国会答辩会，毫不掩饰其修改历史的意图，引起日本内外广泛批评。不出外界所料，

---

① "慰安妇"是日方对于第二次世界大战期间被日本殖民侵略者以欺骗、劫掠等违反本人意愿的方式强行征用，充当日本军队随军性奴隶的女性的称呼。其来源主要是朝鲜半岛、中国（大陆和台湾地区）、东南亚等受到日本侵略或控制的亚洲国家，也有少部分欧美国家受害者。"从军慰安妇"问题一般指的是与这一日本侵害历史事实相关的历史认识、教育、法律、外交诸问题。由于日本修正主义者及其政府拒绝承认或至少有意淡化"慰安妇"的征用是以日本官方（军方）为背景的有组织行为这一事实，否认日本政府对此具有不可推卸的直接法律责任，因此拒绝使用"从军慰安妇"这一完整表述。本书中，非有特别强调需要，一般使用"慰安妇"、"慰安妇"问题的表述。此仅为叙述简洁之故，与日本修正主义者在此问题上的立场绝无关系，特此说明。

安倍二次上台不久后即表露出修改"河野谈话"与"村山谈话"的动向，其后也采取了相应的动作。

日本政府于 2014 年启动针对"河野谈话"的所谓调查并发布报告，宣称围绕谈话的调查和酝酿过程曾受到韩国的干涉，暗示谈话对"慰安妇"问题的事实认定并不可靠，实则是对"河野谈话"进行釜底抽薪。此后更配合教科书审定标准修改、批判打击集中关注过"慰安妇"等历史问题的进步媒体等举措，将打击对象扩大至整个战后进步主义史观及其背后的知识分子共同体，意欲一举撼动战后史观的社会基础。

早在 2013 年的第 183 届国会上，安倍即放话"不会原原本本继承（'村山谈话'）"。在 2023 年出版的《安倍回忆录》中，其更直言不讳地表示自己希望借"战后 70 周年首相谈话"（以下称"安倍谈话"）之机"修正村山谈话的错误"，① 也就是欲以"安倍谈话"取代"村山谈话"。鉴于后文还将详细剖析"安倍谈话"，在此仅就"安倍谈话"与"村山谈话"做简略的比较和分析。"村山谈话"的核心在于承认日本就"殖民统治和侵略"负有责任。与之相比，2015 年的"安倍谈话"虽包含了"殖民""侵略""道歉"等字眼，宣称从整体上继承历届政权立场。但两者之间有着较大的区别。无论就战争定性、战争责任所在，又或是相应的"歉意和反省"，"安倍谈话"都有大幅后退。首先，相较于"村山谈话"清晰承认日本由于错误的国策走上战争之路，"安倍谈话"将日本对外战争归咎为所谓"误判世界发展潮流"，其实是表示当时日本帝国政府对外扩张是受到殖民争霸时代整体的裹挟，将日本置身于整个世界殖民浪潮背景下，以淡化其历史责任。其次，"村

---

① 「『安倍氏回顧録』立民 3 氏質問　衆院予算委　議論は深まらず」、『読売新聞』2023 年 2 月 14 日。「[最長政権の軌跡　安倍晋三　回顧録]（6）硬軟自在のリアリスト」、『読売新聞』2023 年 2 月 16 日。

山谈话"明确就日本战争责任表示"深刻反省和由衷歉意","安倍谈话"则是以第三方陈述的口吻称"日本一贯表示深刻反省和由衷歉意",对本届政府自身态度如何则避之不谈。此外,"村山谈话"明确日本对外战争殖民与侵略的性质,而"安倍谈话"中"反省和歉意"的对象仅以"过去的战争"含糊带过,实则是委婉地表示"侵略未定论"。

第二,发表"战后70周年首相谈话"。2015年8月15日,在国内外舆论的高度关注下,时任日本首相的安倍晋三发表了"战后70周年首相谈话"。同日,日本驻华大使馆发布了该讲话的官方中文译本如下:

安倍晋三内阁总理大臣谈话
（二〇一五年八月十四日　内阁会议决定）

正值战争结束七十周年之际,我们认为,必须平静地回顾走向那场战争的道路、战后的进程、20世纪那一时代,并从历史的教训中学习面向未来的智慧。

一百多年前,以西方国家为主的各国的广大殖民地遍及世界各地。19世纪,以技术的绝对优势为背景,殖民统治亦波及亚洲。毫无疑问,其带来的危机感变成日本实现近代化的动力。日本首次在亚洲实现立宪政治,守住了国家独立。日俄战争鼓舞了许多处在殖民统治之下的亚洲和非洲的人们。

经过席卷全世界的第一次世界大战,民族自决运动的扩大阻止了此前的殖民地化。那场战争造成了一千多万死难者,是一场悲惨的战争。人们渴望和平,创立国际联盟,创造出不战条约,诞生出使战争本身违法化的新的国际社会潮流。

当初,日本也统一了步调。但是,在世界经济危机发生后,欧美各国以卷入殖民地经济来推动区域经济集团化,从而日本经济受到重大打击。此间,日本的孤立感加深,试图依靠实力解决外交和经济上的困境。对此,国内政治机制也未能予以阻止。其结果，日本迷失了世界大局。

"九一八"事变以及退出国际联盟[1]——日本逐渐变成国际社会经过巨大灾难而建立起来的新的国际秩序的挑战者，该走的方向有错误，而走上了战争的道路。

其结果，七十年前，日本战败了。

正当战后七十周年之际，我在国内外所有死难者面前，深深地鞠躬，并表示痛惜，表达永久的哀悼之意。[2]

由于那场战争失去了三百多万同胞的生命。有不少人在挂念祖国的未来、祈愿家人的幸福之中捐躯。战争结束后，也有不少人在严寒或炎热的遥远异国他乡苦于饥饿或疾病之中去世。广岛和长崎遭受的原子弹轰炸、东京以及各城市遭受的轰炸、冲绳发生的地面战斗等等，这些导致了许许多多的老百姓悲惨遇难。

同样，在与日本兵戎相见的国家中，不计其数的年轻人失去了原本有着未来的生命。在中国、东南亚、太平洋岛屿等成为战场的地区，不仅由于战斗，还由于粮食不足等原因，许多无辜的平民受苦和遇难。我们也不能忘记，在战场背后被严重伤害名誉与尊严的女性的存在。[3]

我国给无辜的人们带来了不可估量的损害和痛苦。[4]历史真是无法取消的、残酷的。每一个人都有各自的人生、梦想、所爱的家人。我在沉思这样一个明显的事实时，至今我仍然无法言语，不禁断肠。

在如此重大损失之上，才有现在的和平。这就是战后日本的出发点。

再也不要重演战祸。

事变、侵略、战争。我们再也不应该用任何武力威胁或武力行使作为解决国际争端的手段。应该永远跟殖民统治告别，要实现尊重所有民族自决权利的世界。

我国带着对那场战争的深刻悔悟，作出了如此发誓。[5]在此基础上，我国建设自由民主的国家，重视法治，一直坚持不战誓言。我们对七十年以来所走过的和平国家道路默默地感到自豪，并且今后也将继续贯彻这一坚定的方针。

我国对在那场战争中的行为多次表示深刻的反省和由衷的歉意。[6]为了以实际行动表明这种心情，我们将印尼、菲律宾等东南亚国家以及韩国、中国等亚洲邻居人民走过的苦难历史铭刻在心，战后一直致力于这些国家的和平与繁荣。[7]

这些历代内阁的立场今后也将是坚定不移的。[8]

不过，即使我们付出多么大的努力，失去家人的悲哀和在战祸中饱受涂炭之苦的记忆也决不会消失。

因此，我们要将下述事实铭刻在心。

超过六百万人的战后回国者从亚洲太平洋的各地总算平安回国，成为重建日本的原动力。在中国被残留的接近三千人的日本儿童得以成长，再次踏上祖国土地。美国、英国、荷兰、澳大利亚等国家的被俘的人们，长期以来访问日本，祭奠双方的战死者。

饱尝战争痛苦的中国人，以及曾经被俘并遭受日军施加难以忍受痛苦的人做得如此宽容，他们内心的纠葛究竟多么大，付出的努力又是多么大？

我们必须将此事挂在心上。

战后，如此宽容的胸怀使得日本重返国际社会。值此战后七十年之际，我国向致力于和解的所有国家、所有人士表示由衷的感谢。

现在我国国内战后出生的一代已超过了总人口的 80%。我们不能让与战争毫无关系的子孙后代担负起继续道歉的宿命。[9]尽管如此，我们日本人要超越世代，正面面对过去的历史。我们有责任以谦虚的态度继承过去，将它交给未来。

「第四章 "摆脱战后体制"路线的对内实践」

我们的父母一代以及祖父母一代在战后废墟和贫困深渊中维系了生命。他们带来的未来是可以让我们一代继承,且交给我们下一代。这不仅是前辈们不懈努力的结果,也是曾经作为敌国激烈交火的美国、澳大利亚、欧洲各国以及许多国家超越恩仇提供善意和支援的结果。

我们必须将此事告诉未来的一代。将历史的教训深深地铭刻在心,开辟更加美好的未来,为亚洲及世界的和平与繁荣而尽力。我们担负着这一重大责任。

我们继续将谋求以实力打开僵局的过去铭刻在心。正因为如此,我国继续奉行的是,任何争端都应该尊重法治,不是行使实力而是以和平与外交方式加以解决的原则。这是我国今后也将坚持并向世界各国推广的原则。我国作为经历过原子弹轰炸的唯一国家,追求实现核不扩散和彻底销毁核武器,在国际社会上履行自己的责任。

我们继续将在20世纪的战争期间众多女性的尊严与名誉遭受严重伤害的过去铭刻在心。正因为如此,我国希望成为一个国家要时刻体贴女性的心。我国将在世界领先努力将21世纪变成为不让女性人权遭受侵害的世纪。[10]

我们继续将区域经济集团化促发纠纷萌芽的过去铭刻在心。正因为如此,我国努力发展不受任何国家恣意影响的自由、公正、开放的国际经济体制,加强对发展中国家的支援,牵引向更加繁荣的世界。繁荣才是和平的基础。应对暴力温床的贫困,为全世界所有人享受医疗和教育以及自立的机会而作出更大的努力。

我们继续将我国曾经当过国际秩序挑战者的过去铭刻在心。正因为如此,我国坚定不移地坚持自由、民主主义、人权这些基本价值,与共享该价值的国家携手并进,高举"积极和平主义"的旗帜,为世界的和平与繁荣作出较之以前更大的贡献。

我们有决心,面向战后八十年、九十年以及一百年,与我国国民各位共同努力建设如上所述的日本。①

"安倍谈话"日语原文共有 3000 余字符,长度约为"村山谈话"的 2 倍多,"河野谈话"的 3 倍多。值得一提的是,除日语原文外,日本政府还同时给出了英文、中文、韩文版的官方译文,中文版和韩文版分别由日本驻华大使馆和日本驻韩大使馆发布。相比之下,"村山谈话"的英语等外文译本则是谈话发布一段时间后才补充的。该举动据称是为了将外界因各自翻译而造成谈话"被误读"的可能性降到最低,表明了谈话中文版和日文版一样经过日本政府的认可,可作为解读"安倍谈话"的权威文本;同时,发布多语言版本这一细节还显示出安倍政权争取国际舆论的强烈意识。

"安倍谈话"发布后,日本内外舆论对其的看法不一而足。包括部分原本对安倍政权的历史修正主义持批评态度的西方主流媒体在内,有意见认为谈话较好地平衡了历史正义和保守立场,特别是谈到了"殖民""侵略"等关键字,也表达了歉意,因而给予了一定的肯定。② 但稍稍细读谈话即可发现,"安倍谈话"中对历史正义的"平衡"仅仅停留在文字技巧的表面,而在所有重要的历史观上并无妥协;谈话依然是一篇彻头彻尾的基于保守立场的历史修正主义文章;"平衡"仅是为了文过饰非,看似以隐晦暧昧的方式道歉,实则是为了不道歉的精心设计。安倍在其回忆录中亦大方承认谈话设计"避免给人以我在道歉的印象"。③

谈话集中展现了安倍本人的历史观,同时也代表本届日本政府

---

① [日]安倍晋三著,日本外务省译:《安倍晋三内阁总理大臣谈话》,日本驻华大使馆网站,https://www.cn.emb-japan.go.jp/itpr_zh/bunken_2015danwa.html。

② 川島真、西野純也、渡部恒雄、細谷雄一、「［座談会］東アジアの歴史認識と国際関係——安倍談話を振り返って」、東京財団サイト、https://www.tkfd.or.jp/research/detail.php?id=1445。

③ 「［最長政権の軌跡　安倍晋三　回顧録］(6) 硬軟自在のリアリスト」、『読売新聞』2023 年 2 月 16 日。

第四章 "摆脱战后体制"路线的对内实践

就历史问题向国际社会发出宣示,是近年来日本国家史观的缩影。因此,以下将择其重点,对谈话稍作分析。

首先,谈话所反思的近代日本历史时期非常有限,基本被压缩在"九一八"事变、日本退出国际联盟到第二次世界大战结束这一短暂的时间段(见[1]处)。从演讲的前几段来看,谈话明显对"九一八"事变之前的日本持肯定态度,包括成功维持了国家独立、凭借打赢日俄战争鼓舞了广大亚非殖民地的人民、与争取民族自决反对战争的世界潮流统一了步调等。但事实是,这一时期的日本帝国政府从未停下对外殖民扩张的脚步。日俄战争正是其与沙皇俄国在中国东北地区展开的一场旨在争夺殖民地和势力范围的帝国主义战争,给无辜卷入的中国及其人民造成了巨大的无妄之灾。战争的结果固化了日本在朝鲜半岛的殖民"利益线"[1],还使之向北延展至库页岛南部,并攫取了中国境内南满铁路的修筑权及相应的势力范围。如本书第二章阐释的一样,经此类"胜利"刺激,日本的国家主义愈加自大疯狂,进一步向极端化发展,加速对外侵略扩张。所谓日本打赢对亚非人民的鼓舞只是日俄战争中非常次要的方面,却被安倍拣选出来大做文章。不仅该时期日本未与和平反殖的世界潮流统一了步调,安倍的日俄战争观也未与历史正义统一了步调。当然,"安倍谈话"对其所反思的历史时期的限制还意味着对朝鲜半岛殖民史的反思被排除在外。这也是"安倍谈话"在韩国招致强烈抨击的主要原因之一;另一个原因则在于谈话对"慰安妇"问题的态度。

其次,谈话使用了多种叙述技巧竭力淡化日本的战争责任。全篇唯一明确点出日本战争责任的是"我国给无辜的人们带来了不可估量的损害和痛苦"一句([4]处)。在谈论战争伤害时流露出

---

[1] 1890年,明治时期日本军、政两界要人,时任首相的山县有朋在其阐述"大陆政策"的《外交政论略》书中提出了"利益线"理论,称该线范围内是"(与日本)安危紧密关联之地区",必须以强力排除他国侵入"利益线";朝鲜则是"日本利益线的焦点"。"利益线"理论是日本战前军国主义战略的源头之一。

明显的日本受害视角。譬如［2］处"在国内外所有死难者面前，深深地鞠躬"一句后两段，以先日本、后周边国家的顺序悼念了战争中的罹难者，并且对日方受害的描述更具体，有军队士兵、军属、海外殖民"开拓团"、城市平民等多种形象，情感也更为饱满。还有一种处理方法是尽力隐去其中的"加害者"角色，将战争描述得宛如天灾。譬如，在文中［3］［10］两处，谈话以"女性人权受到侵害"的方式隐晦地谈及"慰安妇"问题，但这种方式给读者的印象是将"慰安妇"问题解释为战争中不可避免的连带伤害，或者一种一般性的战争现象。但"慰安妇"问题的本质是日本国家（政府和军队）有组织的对女性进行性奴役的国家行为。这也正是日本政府极力排斥使用"从军慰安妇"一词的原因。通过在叙述中对"慰安妇"问题进行一般化处理，"安倍谈话"隐去了其中的加害者形象，从而使作为事实上加害者的日本国免责。在谈论就历史问题"道歉"与否时，则全程采用总结回顾道歉史的第三方口吻，称"（已经）作出了如此发誓""（已经）多次表示深刻的后省和由衷的歉意""（已经）致力于这些国家的和平与繁荣"，如［5］［6］［7］几处；关于本届政府代表的当下日本的态度则避而不谈，只笼统地称"这些历代内阁的立场今后也将是坚定不移的"（［8］处），对于继承历代内阁立场、铭记历史的具体措施也绝口不提，倒是与后文"我们不能让与战争毫无关系的子孙后代担负起继续道歉的宿命"遥相呼应。

谈话在讨论战后和解时则出现了两个主体，分别是悔过的日本和"宽容"的中国、美欧等国。这同样是历史修正主义者常见主张，即强调历史和解应该"双向而行"，潜台词是日本有错认错，但其他国家也不应该揪住不放，相当于日本反过来给受害方提出的要求。后文"不能让与战争毫无关系的子孙后代担负起继续道歉的宿命"中，通过"毫无关系"却"继续道歉"的转折语义，甚至表达了继续要求日方就历史问题道歉"无理"的意思，仿佛继续追究日本的战争责任与上文树立的"宽容大度"的理想受害者形象不符。该句也是谈话中被认为是"安倍色彩"最鲜明的一句，① 在日本国内引发了高度共鸣，其内核正是历史问题的"外交总决算"。但其逻辑毫无道理。战后日本政府虽然的确就历史问题多次不同程度地表达过"歉意""忏悔"等，但同时也每每有政府高官、政界要员等就历史问题发表与日本官方立场相悖的负面言论，诸如接连不断且愈演愈烈的教科书历史导向问题等政策实践更反映出日本政府在历史问题上的言行不一，进而证明日方道歉的心口不一。这才是受害国家不断要求日方重申在历史问题上立场的原因。"安倍谈话"对受害方的这种指责纯属颠倒因果。

为配合"安倍谈话"，日本外务省网站关于历史问题的问答专栏亦同时被修改，删除了认定日本战争中行为是"殖民统治和侵略"的内容，加上了"不能让与战争毫无关系的子孙后代担负起继续道歉的宿命"的表述。原内容本是基于"村山谈话"作出的。外务省此举说明"安倍谈话"并非一时应景之作，而是代表了日本官方立场的深远变化。

（二）教科书政策右倾化

安倍政权不顾20世纪80年代以来日本政府在历史教科书问题上"近邻诸国条款"的默契，推行历史修正主义的教科书政策，导致日本的历史教育出现较为明显的倒退。

第一，修改教科书审定标准，推动出版社删减有损日本国家形象的负面历史相关内容。② 以"增进历史教育的平衡性"为名，文

---

① 川島真、西野純也、渡部恒雄、細谷雄一、「［座談会］東アジアの歴史認識と国際関係——安倍談話を振り返って」、東京財団サイト、https：//www.tkfd.or.jp/research/detail.php？id=1445。

② 1948年，日本文部省公布了《教科书审定要领》《教科书审定的一般标准》等文件，确立了教科书审定制度。文部省（文部大臣）持有教科书审定权。

部省于 2014 年 1 月，修改义务教育阶段（中小学）社会科目，以及高中阶段地理、公民科目的教科书审定标准，于 2014 年起实施。修改后的教科书审定标准新增如下三条规定：

(1) 教科书在叙述尚不确定的事件时，不得过分凸显其中的特定细节。(2) 在叙述近现代史中的历史事件时，对于未有通行说法的数字等情况，须明确注明"未有通行见解"，以避免学童、学生误解。(3) 存在以内阁决议以及其他形式出示的政府统一见解或最高法院相关判例的情况下，（教科书）应该基于这些见解和判例之上进行叙述。①

新增标准大大增加行政介入学校教育的力度，为这种介入进一步细化实施细节。受此审定标准影响的包括南京大屠杀、② 日本与周边国家的领土纠纷③等一众日本教科书内容中相关争议敏感问题。

第二，批准历史修正主义教科书，推动历史修正主义教科书采用。由 1997 年成立的文教领域右翼团体"新历史教科书编纂会"（以下简称"编纂会"）及与其相关联出版社发行的"编纂会系教科书"是历史修正主义教科书的典型代表。④ 最近十余年间，文部

---

① 文学科学省、「教科書検定の改善等について」，https：//www.mext.go.jp/a_menu/shotou/kyoukasho/gaiyou/04060901/1338839.htm。
② 日方主张被害中国军民总人数存在争议，对应新增标准中的第一条、第二条。
③ 存在日本政府的官方见解，对应新增标准中的第三条。
④ "新历史教科书编纂会"活动宗旨是反对以进步主义为主要特征的战后史观，并推进符合其历史修正主义立场的新历史教科书编纂工作。扶桑社、自由社、扶桑社的全资子公司育鹏社都是与该组织频繁合作的教科书出版商。这些出版社编写的数种历史、地理、公民、社会等科目教科书，毫不掩饰地利用神话、传说等渲染日本皇室的"神圣性"，同时尽力回避近代以来日本对外殖民侵略历史。其历史叙述中充满了歪曲和谬误，成为日本教科书出版界独树一帜的"异类"。2020 年，自由社出版的中学历史教科书曾在审定中被指存在 405 处"缺陷"，最终被裁定审核不通过。「つくる会教科書、異例の不合格『欠陥』405 カ所指摘」、『朝日新聞』2020 年 2 月 21 日。

「第四章 "摆脱战后体制"路线的对内实践」

省接连于2008年、2010年、2014年数次批准编纂会相关出版社编写的历史、地理、公民、社会等科目教科书。安倍本人更直接与编纂会关系深厚。编纂会成立后不久,以自民党青年国会议员为中心发起了右翼历史修正主义议员联盟"思考日本前途及历史教育青年议员会",会长是中川昭一,事务局长即安倍晋三。该议员联盟致力于改变影响战后日本历史教育导向的国家史观,与编纂会一拍即合,关系密切。"编纂会系教科书"的编写审核、出版发行、进入备选教材名单乃至最终被学校等教育机构采用的过程,均不乏以该议员联盟为代表的政界右翼势力的暗中关照。南开大学教授、日本教育问题专家臧佩红在研究中发现,有编纂会相关人士担任文部省下属教科书调查官。如2007年负责审定高中历史教科书的调查官村濑信一、社会科主任调查官照沼康孝等均是东京大学名誉教授伊藤隆的学生,而伊藤隆则是编纂会成立时的理事、扶桑社版历史教科书的监修人员。臧教授认为,右翼教科书调查官的存在为右翼教科书通过审定大开绿灯。[①]

以安倍为首的自民党右翼还直接动用政治力量帮助"编纂会系教科书"提高在学校等教学一线的被选用率。2004年,安倍被教育民主人士曝出动用政党组织推广"编纂会系教科书",向自民党地方党组织下达指令,要求对历史教育问题给予和修宪、修订《教育基本法》的同等重视;又亲自向编纂会集会发去致辞,表示对于历史教科书问题,将"以(自民党)青年局、女性局为中心",采取"国家、地方一体化综合行动"。[②] 2011年5月在野时期,安倍在东京为编纂会站台时声称,"确信最符合新版《教育基

---

① 臧佩红:《日本近现代教育史》,世界知识出版社2010年版,第387页。
② 「自民が『つくる会』シンポ文科政務官も参加予定侵略美化の教科書後押し」、『しんぶん赤旗』2005年5月14日。

本法》宗旨的教科书就是育鹏社。"①

安倍政权的教科书政策直接影响了日本的历史教育状况，主要体现在以下两个方面。

第一，相关科目教科书立场整体右转。教科书新审定标准实施后至 2022 年，文部省共进行了 8 次教科书审定。在这不足十年间，送审教科书在基本立场、讲授内容的取舍、围绕部分问题的介绍和事件的讲述方式等方面都出现了明显变化，直观地反映出 2014 年修改审定标准对于日本教科书整体导向的影响。

首先，中、小学教科书中与钓鱼岛、独岛（竹岛）、南千岛群岛（日本称"北方四岛"）等日本领土争端相关内容大幅增加，其叙述方式也更接近审定标准中的"以官方统一见解为基础"的要求。其直接原因在于 2014 年文部省同时修改了作为教科书编写重要参考的《学习指导要领解说书》。其中明确要求加强领土教育，就南千岛群岛（日本称北方四岛）、独岛（竹岛）、钓鱼岛等的来龙去脉以及政府主张给予学生相应的指导。在 2015 年审定中，送审的 20 种中学社会科目教科书全部以不同形式介绍了日本的领土争端问题，"约为当时使用中的教材的两倍"。② 2016 年的审定中，这一数目再次升至当年市面现有教材的 1.6 倍。2015 年，主要教科书出版商之一——东京书籍首次在其小学五年级的社会科目教科书中，以"日本的固有领土"称呼钓鱼岛、独岛（竹岛）等日本争议领土。此后，作出类似调整的出版商及教材种类明显增加。在 2017—2020 年的教科书审定中，山川出版社、三省堂、东京书籍、教育出版、日本文教出版等多家出版商送审的多种教材里，将上述日本与邻国争议领土明确记载为"日本的固有领土"。

---

① 「安倍氏が支援した育鵬社教科書の採択が激減した理由　菅首相は…」、『毎日新聞』2020 年 9 月 22 日。
② 「［教育がわかる］教科書検定　指導要領に沿うか審査」、『読売新聞』2015 年 4 月 24 日。

第四章 "摆脱战后体制"路线的对内实践

其次,教科书中对于"从军慰安妇"问题及日本军方相关责任的介绍被持续弱化。2015年初,受《朝日新闻》撤回"从军慰安妇吉田清治证言"相关报道事件影响,即有教科书出版商主动向文部省申请修改已出版教科书中"慰安妇"相关内容:主要是将"从军慰安妇"字样全数删去,并在介绍"慰安妇"问题时不再使用"人身劫持(强掳)"①等类似表述。在当年3月发布的年度中学教科书审定结果中,针对当次审定中唯一在中学阶段涉及"慰安妇"问题的教科书,文部省在审定意见中明确要求出版社"根据2007年内阁决议所显示的政府见解"进行修改。② 所谓"2007年内阁决议所显示的政府见解"指的是第一次安倍政权通过内阁决议提出了所谓"狭义上的强制性"和"广义上的强制性"概念,以文字游戏解构"慰安妇"问题的强制性,淡化征用行为对女性基本人身权益造成的严重伤害。彼时安倍政府答辩书还宣称,"在'河野谈话'之前,政府所发现的资料中找不到直接显示军方和政府机构强征的记述"。这一"未发现强征直接证据说"成为安倍以来几届日本政府在"从军慰安妇"问题上的官方口径。自2016年起,由于日韩两国政府于上一年年底就两国间的"慰安妇"问题达成协议,文部省在教科书审定中围绕"慰安妇"问题的立场更趋强硬,出现了更多"慰安妇"相关内容的审定意见,尤其要求出版商增加"该问题已经由1965年《日韩请求权协定》得到了法律上解决"的最新日本政府见解。③ 同时,有更多的出版

---

① 日语称「強制連行」。
② 「［社説］中学教科書検定 歴史と領土への理解深めたい」、『読売新聞』2015年4月7日。
③ 例如针对有教科书提及"(日本)政府于1993年(就'慰安妇'问题)给予了正式谢罪道歉,但日本政府在此问题上的应对招致了国内外众多批评"内容,审定意见认为"表述不够清晰,学童不易理解",最后通过的版本加上了"日本政府主张('慰安妇'问题)已经由1965年《日韩请求权协定》得到了法律上的解决""日方支持建立了亚洲女性基金,协助支付了补偿金"等内容。2017年后的审定中亦不乏类似情况。

商主动删减或更改涉及"慰安妇"官方（军方）背景的表述，与 2007 年"慰安妇"问题内阁决议精神保持一致；或增加"日韩间'慰安妇'问题在 2015 年获得'最终解决'"等内容。

除了上述较为集中的问题之外，日本的历史、社会、公民等科目教科书中"南京大屠杀""强征劳工""冲绳集体自杀"等国内外历史问题，以及集体自卫权、选举权年龄下调等日本国内时政问题相关内容的篇幅、立场观点、叙述方式等也都产生了不同程度的变化，显示出 2014 年审定标准修改影响的广泛性。

第二，修正主义教科书被选用率异常蹿升。数据显示安倍执政时期与"编纂会系教科书"的选用率提升时期高度重合。例如，在 2015 年中学社会科学（历史、公民）教材选用中，育鹏社教材的被选用率为 2012 年教科书选用时的 1.5 倍。其中，历史教科书选用率达 6.5%，公民教科书选用率达 5.8%。相比之下，作为同类历史修正主义教科书，《新历史教科书》在 2005 年的选用率仅为 0.39%。[1] 十年间扩大了 10 倍有余。2020 年度，育鹏社教科书选用率也达到历史教科书选用率为 6.4%、公民 5.8%。[2] 其中，由保守系政治家担任地方行政首脑的自治体选用率尤为突出。与之形成鲜明对比的是安倍 2020 年卸任后，育鹏社教科书在次年教科书选用中的中选率旋即大幅下降：历史科目教科书选用率为降至 1%，公民科目教科书选用率为则仅余 0.4%。[3] 在每四年一次的教科书选用中，于 2011 年、2015 年、2019 年连续 3 次选用育鹏社出版的中学社会科学（历史、公民）教科书，使用该系列教科书长达十年的横滨市亦在 2020 年底改为选用了东京书籍、帝国书院的

---

[1] 《新历史教科书》的出版商是扶桑社，育鹏社是扶桑社的全资子公司。
[2] 「安倍氏が支援した育鵬社教科書の採択が激減した理由　菅首相は…」、『毎日新聞』2020 年 9 月 22 日。
[3] 「安倍氏が支援した育鵬社教科書の採択が激減した理由　菅首相は…」、『毎日新聞』2020 年 9 月 22 日。

同科目教科书。① 可见，"安倍的存在本身壮大了各地保守系（行政）首长的势力，与教科书选用（的干涉行为）密切相关"。②

（三）加强管控，打压意识形态领域进步势力

两次安倍政权任内的媒体政策明显收紧。行政力量更多、更深且更主动地介入媒体编审和报道活动中，打破了战后以来政府与媒体之间围绕相关行政法规执行力度的"默契"，在一定程度上损害了媒体在编审报道方面的自主性。不仅如此，这种介入还表现出较强的针对性，一些进步倾向的媒体尤其受到了重点"照顾"。显然，安倍政权试图通过"筛选"媒体，使媒体环境更多地体现政权和政府意志，进而影响日本整体社会舆论氛围。

第一，政府管控媒体力度整体增大。在战后较长的一段时期内，日本行政力量尽管在制度上、法律上拥有对媒体出版事务的管辖权，但在权力的行使上却采取相对克制的姿态。③ 邮政省（现总务省）作为媒体相关行政事务主管部门，与媒体之间围绕编审报道的管理与被管理问题维持着微妙的平衡，分别给双方就"编审报道的自主性"的解释留下了一定空间。

但两次安倍政权有意识地打破了这一平衡。安倍政权时期，总务省针对广播、电视媒体节目内容发出"行政指导"的频率显著上升。现有记录显示，在 1985—2015 年由邮政省（现总务省）针对广播、电视节目内容发出的总计 36 件的"行政指导"中，存续

---

① 「育鵬社版を採択せず　横浜市の歴史・公民教科書」、『東京新聞』2020 年 8 月 4 日。

② 「安倍氏が支援した育鵬社教科書の採択が激減した理由　菅首相は…」、『毎日新聞』2020 年 9 月 22 日。

③ 譬如，原邮政省在行政管辖权的具体运用方面即持有"不能涉足节目制作；为违反《广播法》而发出行政处罚在事实上并不可行"的基本方针。臺宏士、『検証アベノメディア安倍政権のマスコミ支配』、緑風出版社 2017 年版、第 25 頁。

时间仅约一年的第一次安倍政权就占了8件之多。① 与之形成鲜明反差的是,民主党执政的 2009—2012 年的约三年半时间内未发出类似的"行政指导"。第二次安倍政权延续并发展了媒体管控的强势姿态,包括但不限于:干涉日本广播协会(NHK)经营委员会和会长人事;根据政权和安倍本人的政治立场选择性接受采访、出演节目,露骨地打压或扶植特定媒体;以自民党的名义照会媒体,对已播出节目的具体内容提出异议;在国政选举来临之际提前向各媒体发出"公平公正报道"的"要求";等等。

2016 年,时任第二次安倍政权总务大臣的高市早苗在国会答辩时作出"掐断违反《广播法》的相关业者的信号"的发言,② 引起媒体业界广泛的质疑反弹。其后,不仅高市早苗本人拒绝收回发言,时任官房长官的菅义伟在记者招待会上亦以"不过是符合(总务省)一贯立场的一般性发言"为由,将外界质疑一笔带过。菅义伟是首次安倍政权任内的总务大臣,第一次安倍政权期间 8 件"行政指导"正是其手笔。"掐断违反《广播法》的相关业者的信号"事件证明菅义伟与高市早苗两人在加强媒体管理的立场上是一致的,高市早苗的上述表态也并非如其国会答辩时自称的"出于作为总务大臣(个人)的判断"。这一事件实际上反映了安倍政权整体的媒体政策方向。

安倍本人亦不吝使用政治力量影响媒体。这在其担任自民党干事长、官房副长官和官房长官时期均有迹可循。譬如在 2003 年国政选举期间,因朝日电视台在王牌节目"消息驿站"中"假想民主党政权的诞生并播放其组阁名单","显著地损害选举公正性";在另一节目"北野武的新闻擒抱"中又"使用了错误的镜头语

---

① 臺宏士、『検証アベノメディア安倍政権のマスコミ支配』、緑風出版社 2017 年版、第 20 頁。
② 「高市総務相発言『電波停止』波紋広げる理由とは」、『毎日新聞』2016 年 2 月 11 日。

言","或给予观众对日本人绑架问题的消极印象"的原因,以干事长安倍晋三为首自民党中央执行部公开拒绝出演朝日电视台节目以示抗议,其后对朝日电视台的抵制又扩大至全体自民党籍议员,直至次年2月19日该电视台就相关事件公开谢罪道歉,并且处置7名相关"责任人"为止。①

第二,进步主义媒体受到针对性打压。在解释修宪、历史认识问题等涉及"战后体制"关键议题上持传统进步主义立场的媒体所受压力尤甚。

2015年6月,由安倍亲自安插进入日本广播协会经营委员会的右翼作家百田尚树在自民党内部学习会上发表"必须摧毁冲绳两家媒体"的言论。②受到外界质疑后百田尚树又在其个人推特上澄清称,"真正想摧毁的其实是《朝日新闻》《每日新闻》和《东京新闻》三家"。③百田尚树所称两家冲绳媒体(《冲绳时报》和《琉球新报》)及后面三家媒体分别是地方及全国典型的具有进步主义倾向的媒体。百田尚树是公认的与安倍晋三意识形态偏好上高度重合的密友,其言论以及安倍政权对其的人事安排在一定程度上反映出安倍本人对相关媒体的真实想法。2016年,来自日本广播协会电视台、朝日电视台、东京广播电视台的3名资深主持人④不约而同被其常年主持的节目撤换。无独有偶的是这3人均在此前的节目中对安倍政权或其政策提出过批判、质疑。业界消息称这3人

---

① 臺宏士,『検証アベノメディア安倍政権のマスコミ支配』,緑風出版社2017年版,第103—105頁。

② 「百田氏『沖縄2紙、本気でつぶれたらいい』講演で」,『日本経済新聞』2015年6月28日。

③ ""つぶれてほしいのは『朝日』『毎日』『東京』"百田氏 今度はツィッターで",しんぶん赤旗サイト,2015年6月28日、https://www.jcp.or.jp/akahata/aik15/2015-0628/2015062802_03_1.html。

④ 分别是日本广播协会电视台的国谷裕子、朝日电视台的古馆伊知郎和东京广播电视台的岸井成格。

的撤换是受到了政权以及自民党方面的压力。

　　此类事件中，最典型且影响较大的是2014年右翼保守势力发起的针对朝日新闻社的攻击。2014年8月，日本国内进步主义史观重要媒体阵地《朝日新闻》发表声明，因"报道所涉吉田证言不实"，撤回该报于20世纪80年代"从军慰安妇吉田清治证言"①的18篇相关报道；地方报纸《北海道新闻》撤回了8篇相关报道，日共机关报纸《新闻赤旗》撤回3篇相关报道，并向公众道歉。借朝日新闻社撤回"吉田清治证言"之机，日本右翼保守势力掀起了攻击朝日新闻社旗下媒体、替"慰安妇"问题翻案的舆论攻势。作为日本国内的"保守政治家之首"，首相安倍既未继承"河野谈话"中的日本既有官方立场，亦未恪守本人对外标榜的所谓"历史认识问题不应被政治化/外交问题化"②的政治中立，而是亲自下场加入对朝日系媒体的攻讦。朝日事发之后，安倍不仅不

---

　　① "从军慰安妇吉田清治证言"（以下简称"吉田清治证言"）是在"慰安妇"问题上广为人知但颇具争议的一则证言。20世纪80年代，日本人吉田清治通过出书、演讲、接受采访等方式，以"原日本军人"的身份，作证战时曾在日本军队的命令下于济州岛（现韩国南部岛屿）进行宛如非洲猎奴一般的绑架、劫掠岛上年轻女性充当慰安妇的行动。吉田清治的上述证言受到日本知名媒体《朝日新闻》的重视，经专栏报道后，在日本内外产生了较为广泛的影响。除前述《北海道新闻》等其他媒体的跟进报道外，还作为证据被收入部分关于日本对外战争责任的著述中，其中不乏家永三郎等战后历史学界颇具分量的学者著述。自20世纪90年代开始，吉田清治证言在日本海外广泛传播。1996年国际人权委员会的《克马拉斯瓦密报告》、1998年同委员会的《杜格尔报告》以及2007年美国众议院121号决议都在不同程度上引述吉田清治证言作为证据。吉田清治证言还传入韩国，就"慰安妇"问题对于唤起韩国舆论发挥了一定作用，为20世纪90年代韩国就历史问题掀起追究日本责任的高潮推波助澜。但几乎就在吉田清治证言被广泛报道的同一时期，其可信度也遭到了来自日本、韩国部分研究人员的质疑。例如日本历史学者暨"慰安妇"问题专家吉见义明即认为该证言"不足以作为证据来使用"。

　　② 例如2013年2月21日，安倍在接受《华盛顿邮报》采访时表示："从第一次安倍内阁时期即一再重申，本人在历史问题上的基本姿态是'应该将历史认识问题交给历史学家（解决）'。"「『安倍談話』歴史認識踏み込まず首相、未来志向を強調」、『日本経済新聞』2013年2月21日。

再掩饰其关于"慰安妇"问题的真实见解,公然在国会答辩宣称"关于'日本以国家之力(强征)性奴隶'的诽谤如今流布于世界",全盘否认"慰安妇"的官方背景;更多次公开点名,指认朝日新闻社等进步主义媒体是制造上述"诽谤"、造成"慰安妇"问题国际化,破坏日本国家形象的"元凶"。① 安倍的存在及表态起到了助长日本右翼保守势力气焰的作用。2014年前后,正是在安倍政权的默许乃至"示范"效应下,日本右翼保守势力针对"慰安妇"问题发起了密集攻势。除首相公开就"吉田清治证言撤回"事件参与对朝日系媒体的围堵打击外,日本政府还启动了关于"河野谈话"的调查,并借韩国保守势力执政之际推动两国就"慰安妇"问题达成"最终且不可逆的"政府间协议等。从历史事实、传播途径、外交政治等多个层面解构"慰安妇"问题上的进步主义立场。草根右翼保守势力趋于活跃。富士产经系媒体、读卖系媒体以及周刊小报等右翼保守系传媒大肆炒作"吉田清治证言撤回"事件,要求就"背叛读者信赖""损害日本国际形象"向朝日进一步追责;原"吉田清治证言"报道的执笔记者植村隆等进步记者受到右翼集团的人身攻击,并对其日常生活和工作构成实质性伤害;以右翼保守势力为背景的各类非政府组织、第三方机构表现活跃,组织开展了各种针对"慰安妇"等历史问题的"独立检证"、针对所谓媒体报道的"公平公正性"的监督审查等活动,将对朝日系媒体的批判扩大至倾向进步主义乃至仅是对安倍政权持批判立场的意识形态相关业界,以日本国家利益至上为标榜,在媒体、教育等意识形态各领域发起清算"反日""卖国"势力的舆论高潮。②

---

① 「『日本のイメージ傷ついた』安倍総理が朝日新聞批判」、テレ朝日サイト、2014年10月3日、https://news.tv-asahi.co.jp/news_politics/articles/000035932.html。
② 可参见週刊金曜日编集部、『週刊金曜日 特集:「反日」と歴史歪曲主義』、2015年1月23日第1024号。

整体而言，除通过加强《特定秘密保护法》《通信监听法》等间接涉及媒体采编审查报道的治安性立法外，本节所述大部分安倍政权强化媒体管制的行为如菅义伟所说，"符合（总务省的）一贯立场"，并未显著超出记者俱乐部、广播许可证制度等战后既有的制度框架，而只加强了对既有制度的利用，但切实打击了以《朝日新闻》为代表的意识形态领域进步势力。日本媒体业界调研机构日本 ABC 协会调查显示，在"吉田清治证言"报道撤回当年，《朝日新闻》订阅量即从 6 月的 740 万部锐减至 10 月的 700 万部。[①] 受此影响，该新闻社 2014 年 9 月份进行的年度中间决算中，其营业收益下降了 50.5%。[②] 即使在平面媒体普遍不景气的大前提下，《朝日新闻》在较短时间内经营活动收益的下降依然从侧面反映了朝日新闻社作为媒体的口碑、公信度的下降。这种公然进行的，且完全基于执政者政治倾向的媒体"筛选"对于日本国内整体媒体乃至意识形态环境产生了毋庸置疑的影响。安倍任内，大量迹象显示"寒蝉效应"和"揣度上意"不仅广泛发生于官僚系统，同样也发生在媒体等意识形态领域。[③] 与此同时，这种官方主导性显著强化的舆论环境还与第二次安倍执政时超长期政权的形成互为因果。通过强势推进舆论管控政策，安倍不仅直接打击了其眼中导致日本战后意识里"反国家主义"不断传递和再生的进步主义势

[①]「朝日、やっぱり部数『大幅減』なぜか 読売『それ以上』減」、J‐CASTサイト、2015 年 3 月 11 日。

[②]「朝日新聞、営業益半減 慰安婦、吉田調書問題も影響」、時事通信社、2014 年 11 月 28 日。

[③] 例如 2014 年众议院选举期间，安倍曾经受邀在东京广播电视台（TBS）选举特别节目中出境，其间围绕提高消费税率问题，节目制作方播放了以批判、反对意见为主的街头民众随机采访集锦视频，并就此向安倍提问。节目播出后，自民党方以节目的街头采访集锦视频"有违选举期间报道公平公正原则"为由，向电视台及节目方发去抗议文书。此后在整个国政选举期间，日本各大电视台使用街头采访集锦的频率大为下降。水島宏明，「テレビ報道の強みを封じた安倍自民『抗議文』『要望書』で音声も消えた」、朝日新聞サイト、https://webronza.asahi.com/journalism/articles/2015100200009.html。

力，符合"摆脱战后体制"路线在意识形态领域的任务与要求，更为其政权运营和政策推进取得更宽松、自由的外界条件。

三、强化学校道德教育复古

安倍任内的重要教育政策还包括在学校教育中重新开设正式的"道德"科目，实现道德教育学科化，为保守势力冲破战后自由主义教育理念的制约、在校园中复兴日本传统价值打开方便之门。

由于被认为是战前贯彻"皇国"教育理念的主要科目之一，[①]作为现代日本学校德育课程前身的"修身科"在战后日本教育改革中被废除。[②] 部分相关德育内容挪至新设的"社会"科目内负责教授。但调整从一开始就招致了保守势力的普遍不满，反弹从占领期结束后的20世纪50年代初期就开始出现。50年代中后期，学校教育中的道德专项教育以"道德时间"的方式变相得到恢复；60年代，传统的日本国教育变相地进入学校德育实践；70年代，传统道德教育进一步增强，课程内容及要求中则增加了日本建国神话、"培养学生对天皇的敬爱"等更为明显的复古主义，实际上已然显示出推动道德教育学科化背后政治势力的价值取向。而在20世纪80—90年代起逐渐升级的教育保守化进程中，德育更是持续成为焦点议题。2000年，在小渊政权、森政权期间都曾发挥过一定影响力的"教育改革国民会议"不仅建议进一步增强学校的德育力度，更提出将道德教育学科化，包括在小学、中学、高中增设"道德""人生"等学科，雇用专业教师或富有人生经验的社会人士进行专门指导等内容。

[①] 一般认为，战前日本帝国政府推行"皇国"教育的课程除"修身"（道德）外，主要还有地理、日本历史等科目。

[②] 驻日盟军总司令部于1945年12月31日发布"停止开设修身、日本历史、地理课"指令，要求将相关教科书悉数回收。

2006 年，以"建设美丽之国"为口号的第一次安倍政权打出了"教育再生"的招牌政策，设立首相咨询机构"教育再生会议"为教育改革提供指导方针与具体建议。其中，道德教育的学科化成为《学习指导要领》修改的重点。2007 年 5 月，"教育再生会议"向内阁提交二次报告，道德教育学科化是其中的重点措施。但因在此之后，第一次安倍政权迅速进入执政末期，"教育再生会议"的政治影响力随之衰减。在日教组等教育民主人士的强烈反对面前，以文部省中央教育审议会为代表的官僚机构对于"道德教育学科化"的激进措施持谨慎态度。此后，在自民党执政的麻生太郎政权、福田康夫政权期间，"教育再生会议"都曾向内阁提交报告，建议继续推进道德教育的学科化。2008 年，文部省最终决定放弃在当年的《学习指导要领》修改中实现"教育再生会议"坚持的道德教育学科化，但为了照顾保守势力的情绪，决定进一步加强德育，同时成立学童德育研讨机构，推进相关讨论。民主党政权时期该机构则基本停止活动。

情况在 2012 年安倍重返首相之位后再度发生变化。安倍于 2013 年 1 月迅速重启了"教育再生会议"，并在首相官邸召开了首次会议。安倍在会议致辞中即明确宣示"教育再生"和"经济再生"同为当前日本最重要的国家课题，表现了"为夺回强大日本"重启教育改革的强烈意志。在 2013—2015 年短短两年内，"教育再生会议"密集召开了 13 次会议，就教育改革方向、部署、策略、日程等进行广泛讨论。从该机构的活跃程度亦可窥见第二次安倍政权推进教育改革的决心。而 2011 年滋贺县大津市发生的一起初中男生因遭受校园霸凌而自杀的事件及其引发的社会对于校园霸凌问题的关注则被保守势力利用并大做文章，从而令"从根本上应对校园霸凌"成为第二次安倍政权强化学校德育，推进道德教育学科化的口实。

凭借安倍的政治能量，日本政府推进道德教育学科化的节奏明显加快。文部省于 2013 年 3 月就基本确定了道德教育学科化的改革方向；2013 年 4 月，日本政府又召集"关于充实德育恳谈会"的有识者会议。该恳谈会很快于当年 12 月就道德教育学科化进程中亟须解决的师资培养、资金来源等各类具体问题进行总结归纳，并向文部省提交最终报告；2014 年 10 月，中央教育审议会出具教改相关意向书，明确将德育升级为"特别学科"；2015 年 2 月 4 日，文部省正式公布《学习指导要领》修正案草案，其中也将德育列为"特别科目"，计划分别于 2018 年度和 2019 年度在小学、中学开始"道德"课程，使用经过审定的教科书。同年，东京都部分小学被指定为试点学校。2018 年度，由 8 家出版社依照与《学习指导要领》同时发布的《学习指导要领解说书》编写的首批中、小学道德科目教科书获审通过。道德教育学科化如期完成。

　　道德教育学科化整体加大了行政力量对于学生德育的干预力度，包括但不限于道德科目教科书由文部省审定。日本政府，尤其是推动道德教育学科化的主导势力对此亦有着明确的自觉。2013 年 5 月，时任文部大臣的下村博文在接受媒体采访时表示，教诲学童们生而为人的礼仪和常识"本是父母的工作"，"无奈不知自己职责的父母很多……培养规范意识、提高人际交流能力……（道德的）学科化是应对措施之一"。[①] 同时，德育内容中的国家主义色彩不可避免地大幅增加。正如前文多次分析所述，日本国是日本传统道德的核心，日本的道德教育从其战前的"修身"源头上就与国家主义密切相关；战后长期热心于推动道德学科"复活"的政治势力亦与国家主义者高度重合；而道德教育学科化的最终实现者——安倍政权更是如假包换的国家主义拥趸。"摆脱战后体制"路线下的文教改革反映为国家主义在教育领域的全面回归，道德教

[①] 「［編集委員が迫る］道徳教科化　能力引き出す　文部科学相　下村博文氏」、『読売新聞』2013 年 5 月 11 日。

育自然也不例外。事实上，在前述 2013 年的同一采访中，第二次安倍政权的文部大臣，同时公认的与安倍在意识形态上"志同道合"的亲信——下村博文即毫不掩饰其对战前"修身"课程及教科书的"欣赏"，公然提出"应重新检视战前'修身'课程的实际状况"，以"洗刷"战前教育体制在战后的"污名"，[①] 流露出推翻战后教育体制对极端国家主义的否定，从整体上为战前教育体制"翻案"的意向。

本章小结

在国内政治领域，战后日本以现行宪法为基础，构建了以"和平主义""民主主义"为基本特征的国家对内统治秩序，其社会生活呈现"和平""自治""繁荣"等主要面貌。然而在"摆脱战后体制"路线指引下，安倍政权不仅试图撬动修宪进程，同时还对行政、教育等多个与宪法原理密切相连的关键领域进行战后罕见的大幅度政策调整，向战后日本国家体制"和平主义""民主主义"发起直接攻势，推动了战后日本政治在多领域的重要准则发生了关键质变。自战后民主化改革以来，战后日本以宪法为顶点的国家体制至少部分地再度发生了"革命性的"转变；对内统治秩序总体性变革的"潘多拉之盒"或许就此开启。

[①]「［編集委員が迫る］道徳教科化　能力引き出す　文部科学相　下村博文氏」、『読売新聞』2013 年 5 月 11 日。

第五章 "摆脱战后体制"路线的对外实践

促使"摆脱战后体制"路线萌生的问题意识、路线的中心任务等均表明，安倍关于打破战后体制对日本国家存续与发展限制的雄心绝不局限于日本国内政治领域。本章将对路线政治实践中主要关涉日本对外政策的部分进行详细梳理。

第一节 安保改革实践：颠覆战后"非军事化"原则

作为"摆脱战后体制"路线最重要同时也是最引人注目的内容之一，两次安倍政权超越了战后以来历届政府以"点状突破"为主的既有模式，对于日本安保体制进行了从理念到制度的全面改革，正面冲击战后体制的"非军事化"原则并取得相当进展，更为其身后日本安保体制的进一步转型指定了方向，积累了势能。理应被视为战后日本安保体制的关键转折点。

一、以"积极和平主义"替代战后和平主义

"和平主义"是日本战后体制的基本理念之一，同时也是其安保体制的立足点。但与战后主流民意相反的是，日本国家主义者始终希望打破战后体制中"和平主义"对于日本发展军力的限制。相关动向在20世纪90年代海湾战争之后变得愈加鲜明。[1] 包括小泽一郎、野田佳彦等朝野政治家以及伊藤宪一等学者在内，不少日本军力发展支持者都曾以"消极的和平主义""被动的和平主义""一国的和平主义"等批判战后日本"和平主义"理念，以宪法前文"维护和平"的主动性论述为依据，[2] 鼓吹日本的"和平主义"政策应是"积极的和平主义""能动的和平主义"。其目的均是试图在"和平主义"文字的掩饰下打破"和平即非军事化"的等式，为日本军力发展松绑，是以"和平"为名的"反和平"。

顺应这一"反和平"脉络，安倍政权打出了"积极和平主义"的旗号。这一旗号作为指导政权安保政策的理念首现于2013年9月12日首次"安保法制恳谈会"座谈会上。在幕僚兼原信克的谋划下，安倍以"顺应日益严峻的国际安保环境"为由，首次使用了"基于国际协调主义的积极和平主义"一词。"国际协调"针对的正是所谓"一国和平主义"。2013年12月17日，第二次安倍政权下新设的国家安全保障会议通过决议，出台了战后日本首个《国家安全保障战略》，明确宣示以"基于国际协调的积极和平主义"为《国家安全保障战略》基本理念，亦即日本《国家安全保障战略》的指导原则。依据"积极和平主义"理念，除强化外交、

---

[1] 金子将史、「積極的平和主義の系譜」、PHPオンライ衆知サイト、https：//shuchi.php.co.jp/article/1823。君島東彦、「100の論点：21. 安倍政権の基本政策として「積極的平和主義」という言葉をよく聞きますが、これは何なのでしょうか」、日本平和学会サイト、https：//www.psaj.org/100points21/。

[2] 现行日本宪法前文围绕"和平"的相关论述如下："日本国民期望持久的和平，深知支配人类相互关系的崇高理想，信赖爱好和平的各国人民的公正与信义，决心保持我们的安全与生存。我们希望在努力维护和平，从地球上永远消灭专制与隶属、压迫与偏见的国际社会中，占有光荣的地位。我们确认，全世界人民都同等具有免于恐怖和贫困并在和平中生存的权利。"相较于宪法第九条，宪法前文体现的"和平立场"是一种维护或追求和平的主动性姿态，给予了日本军力发展鼓吹者以潜在的解读空间。

「第五章 "摆脱战后体制"路线的对外实践」

实现对于人的安全保障等非军事领域方针外，日本版的《国家安全保障战略》以"白纸黑字"方式予以确认的还包括构建综合性防卫体制、强化领土保全措施、强化日美同盟、积极参加联合国维和行动、确立包括武器出口在内的军事安保相关原则和方针。依照这一文件精神，接受"安保法制恳谈会"建议"解禁集体自卫权"、拓展日本参加集体安全保障机制路径，乃至以渐进方式修改宪法第九条等也应属于"基于国际协调的积极和平主义"范畴。

安倍政权的"积极和平主义"突出了以国家为主体的军事手段在达成"和平"目标中的作用，其实质就是"以武力确保和平"，与"和平主义"的"非军事化、非暴力性"内涵完全背道而驰。日本和平学会将其概括为"国家中心主义之下的强军论"。[①] 事实上，"积极和平主义"的英文译法"Proactive Contribution to Peace"并未出现"和平主义"（Pacifism）的字样。相应地，在《国家安全保障战略》中"战后以来，我国一直坚持走和平国家的道路至今"中的"和平国家"则翻译为"Peace-loving Nation"（直译为"爱好和平的国家"），同样与"和平主义"毫无关系。依据《联合国宪章》，所有成员国都是"爱好和平的国家"，[②] 但显然并不是所有成员国都是持"和平主义"的。日本学者川口晓弘对此一针见血地指出，以宪法为象征，安倍的"积极和平主义"令日本独此一家的"和平主义宪法"转变为国际社会中常见的一般性和平宪法。[③] 因而，安倍政权的"和平主义"实际上是在（日语中）保留"和平主义"名号的同时对其偷梁换柱、釜底抽薪，

[①] 日本平和学会编、「平和のための安全保障を求め」、『アジアにおける人権と平和』、早稲田大学出版社2009年11月刊第34号、第v頁。

[②] 《联合国宪章》第四条第一款称，"凡其他爱好和平之国家，接受本宪章所载之义务，经本组织认为确能并愿意履行该项义务者，得为联合国会员国"。

[③] 川口晓弘、『ふたつの憲法と日本人：戦前・戦後の憲法観』、吉川弘文館2017年版、第311頁。

为日本解禁以国家名义对外行使暴力手段、发展军事力量大开方便之门。

二、提升军政系统的整体优先度

在"非军事化"条款的约束下，战后日本军事力量的建立及发展从根本上"名不正，言不顺"，争议不断。合法性问题导致了日本军事安全部门在获取国家与社会资源上的劣势地位。全面提高其地位则成为"摆脱战后体制"路线下，安倍政权安保改革的重要诉求之一，两次安倍政权任内的多项安保相关举措体现了这一军政系统"正名"需求。其中，最具象征意义的是 2007 年主管防卫的中央行政机构升级，以及 2015 年的《防卫省设置法》修正案。

（一）防卫部门"由厅升省"

防卫厅与自卫队可谓是同气连枝，紧密相连。日本防卫厅的前身是 1952 年成立的保安厅。朝鲜战争期间，日本成立警察预备队的同时也成立了相关管理机构，即保安厅。在 1954 年警察预备队改组为自卫队的同时，保安厅也改组为防卫厅，其主要职能依然是对自卫队的管理与监督。由于自卫队在战后日本的合法性一直存有争议，连带防卫厅只能作为"二流官厅"活动。情况在 20 世纪 90 年代之后发生改变。彼时，自卫队在日本民间形象因参与海外维和行动及阪神大地震、东京地铁沙林毒气事件等救灾抢险活动而逐渐转好，防卫厅升级问题同时被提上政治日程，成为中央省厅的"桥本改革"[①]的内容之一。同时期自民党的国防关系三部会亦达成了"将防卫厅升级为防卫省"的决议。但终因当时社会党等原

[①] 1996 年，时任日本首相的桥本龙太郎设置"行政改革会议"，启动行政改革，被称为"桥本行政改革"，简称"桥本改革"。中央省厅机构重组是其中的焦点内容。

革新势力的反对而作罢。世纪之交的小泉政权期间，防卫厅升级问题再度升温。2006 年，日本政府向国会提交《防卫厅设置法》修正案，以期"在强势的小泉政权期间达成（防卫厅升级）夙愿"，一度临近成事，但又因相关的防卫设施厅被曝出若干设施招标过程中存在官方背景的围标丑闻而夭折。

2006 年竞选自民党总裁期间，安倍即明确表示将继续推进防卫厅升级。很快，在 2007 年 1 月 9 日，依据"省升格相关法案"，原日本防卫厅正式升级为日本防卫省，拉平了与其他主要中央省厅的等级差异，从而在制度层面打破了日本中央行政机构设置中战后体制对于军事安保部门的遏制。同年，省（厅）内新设"战略企划室"等，推动省（厅）从单纯的自卫队管理与监督部门逐步转型为安保政策乃至安保战略的研究和制定部门。

（二）打破"文民统制"原则

"文民统制"是 1950 年自卫队前身警察预备队创建时从欧美国家引入的概念，也是现行日本宪法体制"主权在民"理念的表现之一。其制度依据可追溯至宪法第六十六条第二款，该法条规定"内阁总理大臣和其他国务大臣必须由文民担任"；同时也随着日本再军备进程，即警察预备队、保安厅、防卫厅、自卫队等军事安全部门的创建，在一系列相关法令的制定中得到更多反映。2008 年版《日本防卫白皮书》对于"文民统制"的解释是"相对于军事的政治优先以及对于军事力量的民主主义政治领导"，并强调"在反省截至终战的历史的基础上，为确保自卫队的整备与运用遵照国民的意志，采用迥异于旧（帝国）宪法体制的严格的文民统制诸制度"。[①] 2015 年 3 月 6 日，日本政府"关于文民统制的政府

---

① 防衛省、『平成 20 年版防衛白書』、http：//www.clearing.mod.go.jp/hakusho_data/2008/2008/index.html。

统一见解"对"文民统制"的解释则是"民主国家中政治相对于军事的优越性"。① 可见,"文民统制"的要点在于在政军关系中突出政治的优越性,其源头来自对战前军部"暴走"并凌驾于政治力量之上的反思。由于历史原因,"文民"在日本语境下通常指"现职自卫官或出身于旧陆海军且拥有军国主义思想以外的人士",亦即"文官"或"文官政治家"。故而"文官统制"或"文官优越性"是"文民统制"在日本实践的常用方式。日本政治学者纐纈厚对此概括称,"日本的文民统制采用的是由身为文官的防卫官僚领导自卫队制服组的文官统制制度"②。2015 年修正之前的《防卫省设置法》中,围绕以防卫大臣为对象的"辅佐权"的相关规定正体现了这种"文官优越性"。

修正前的《防卫省设置法》第十二条规定防卫大臣在防卫省内局的官房长官、局长等人的辅佐下行使对自卫队的指挥和运用权。以官房长、局长为首的防卫官僚俗称"西装组",属于文官系统。但在该法 2015 年《防卫省设置法》修正案中,这一条款被改为"官房长、局长等与统合幕僚长、陆海空三支自卫队幕僚长分别就所执掌的领域事务,依据相关法令辅佐防卫大臣"。统合幕僚长和陆海空三支幕僚长是现职自卫官,俗称"制服组"。简言之,修正后的《防卫省设置法》事实上就以防卫大臣为对象的辅佐权规定问题取消了文官优越性,将"制服组"与"西装组"放在了平等地位上,令其各自从军事与政策角度提供建议,共同辅佐防卫大臣。尽管安倍政权随后发表关于"文民统制"的政府统一见解,否认这一对"文官统治"的修改违背战后延续至今的"文民统制"准则,但该法案修正案依然在舆论中引起争议,并在国会遇到部分

---

① 「文民統制で政府統一見解 防衛省法改正案提出『官僚、指揮はせず』制服組と背広組、対等に」、『日本経済新聞』2015 年 3 月 7 日。
② 纐纈厚、「100の論点：47. シビリアン・コントロールは維持されるのでしょうか」、日本平和学会サイト、https://www.psaj.org/100points47/。

在野党势力的反对。[①] 然而，在执政联盟与维新党联手推动下，修正案仍于当年 6 月在众、参两院审理通过。

三、全面重整安保法制

除军政系统整体地位的相对弱势外，战后日本的国家体制中还存在大量不适应乃至抑制日本军力发展要求的制度性因素。安倍之前，亦不乏日本政权尝试绕开制度束缚，发展日本军事力量。尤其在冷战之后，日本军事正常化速度明显加快。最近几次日本安保法制的集中调整以及对战后体制的关键性突破，可追溯到以冷战结束为动力的桥本龙太郎改革和以全球反恐战争为契机的小泉纯一郎改革，其中最重要的内容分别是日美同盟定位调整以及"有事法制"的建立。改革方向均指向自卫队活动范围的扩大、活动限制的松动。在这一延长线上，第二次安倍政权再次集中修改安保相关法制，对制约日本军力发展的制度性因素发起规模冲击。不仅如此，本次改革还明确带有为日本伸张其军事安全利益彻底破除合法性难题的意图。

（一）设置国家安全保障会议，制定《国家安全保障战略》

2013 年，安倍在国会施政演说中明确宣称"当务之急是对外交、安保进行彻底重建"。当年的 12 月 4 日，日本正式在内阁之下设置国家安全保障会议，在内阁官房设置国家安全保障局。国家安全保障会议的成立提高了安全事务在国家决策体系中的层级，赋予了防卫官僚更大的权力，并强化了他们与首相的联系，其本身则成为日本安全事务的"总指挥塔"。2013 年 12 月 17 日，国家安全保

---

① 「背広組優位を見直し　防衛省設置法改正案、制服組と対等に」、『日本経済新聞』2015 年 2 月 27 日。

障会议通过决议，出台了战后日本首个《国家安全保障战略》，取代1957年的"国防基本方针"，成为日本制定外交与安保政策的纲领性文件。在其宗旨部分，该文件明确提出"为进一步发展富裕和平的社会，有必要从长远角度出发认清国家利益，确定我国在国际社会中的方针路线"；文件又称，"所谓我国的国家利益，首先是维护日本的主权独立和领土完整，确保日本国民的生命与财产安全，延续日本丰富的文化与传统，维护日本的和平与安全"。[①] 鉴于第二次世界大战战败国身份及其"非军事化"原则，战后日本对"国家战略""国家利益"等概念及其内涵始终讳莫如深。2013年《国家安全保障战略》是战后日本首次在政府文件中明确定义本国"国家利益"，提出将"基于国家利益"制定对外战略，清晰地显示出"摆脱战后体制"，实现"普通国家化"的诉求，成为日本外交安保政策转型的标志。

（二）制定"新安保法案"

第二次安倍政权起步后，首相官邸进行了包括内阁法制局在内的一系列关键性的人事和机构调整，为"新安保法案"的出台做好了机构、人员以及法理准备。2014年5月，自民党以"现有国内法难以应对的三种情形"为由，向政府发起全面整备安保法制的要求，启动安保法制议程。这三种情形分别是"难以当场判定为武力攻击的灰色事态""国际维和活动中出于救助平民目的的驰骋警卫、后方支援等国家合作"以及"包括集体自卫权在内的武力活动"。经与公明党的数月协商，在执政联盟内部达成基本一致。2015年5月，根据关于"集体自卫权"的新宪法解释，内阁向国会提交了"新安保法案"。该法案由《和平安全法制整备法

[①] 内閣官房、『国家安全保障戦略（概要）』、https://www.cas.go.jp/jp/siryou/131217anzenhoshou/gaiyou.html。

案》和《国际和平支援法案》两个部分组成，涉及 11 部法律的修正案。对应前述的三种"亟须完善相关法制"情形，"新安保法案"的内容亦主要围绕强化"灰色事态"应对、扩大国际合作以及推进有条件地行使集体自卫权三项。除上一章第一节阐述的"集体自卫权"这一核心内容外，还在多个关键概念上触动乃至改写了现行宪法体制"非军事化"原则下日本安保体制的基本前提。

以"后方支援"法治体系的变化为例。"后方支援"是军事术语，是对在后方对于一线部队提供作战支援保障的所有活动的统称。"新安保法案"中，《周边事态法》修正案及新法《国际和平支援法案》两法对"后方支援"作出相关规定。

1997 年版的《日美防卫指针》将"周边事态"法治化时，首次提出自卫队的"后方支援"职能，规定自卫队应在应对"周边事态"的军事行动中为美军提供"后方支援"，该职能其后又在 1999 年的日本国内法《周边事态法》中得到确认及进一步细化。为规避自卫队对美作战支援保障行动与美国军事行动"一体化"而产生的违宪风险，该法将自卫队的"后方支援"活动限定在"后方地域"。世纪之交后，随着 2001 年《反恐特别措施法》和 2003 年《伊拉克复兴支援特别措施法》等接连颁布，自卫队的海外活动频率上升，范围扩大，尤其在中东等安全风险高企地区的活动大为增加，面临越来越高的"被迫卷入战斗"的风险。为回应国内相关争议，《反恐特别措施法》又将"后方支援"活动限定在"非战斗地区"；①《伊拉克复兴支援特别措施法》亦作相同规定。其后两法虽相继失效，但上述关于"后方支援"限定于"后方地域"或"非战斗地区"的官方口径实际上得到了延续。

该情况在第二次安倍政权期间发生变化。2014 年 7 月 1 日，

---

① 「［テロ対策キーワード］戦闘地域『線引き』国会論戦の焦点に」，『読売新聞』2001 年 12 月 17 日。

日本政府通过"安保法制整备相关内阁决议"和国家安全保障会议相关决议。相较于既往将"后方支援"活动限定在"非战斗地区",该决议宣称:围绕"进一步为国际社会的和平与安定作贡献"相关事项,除"他国战斗正在进行的现场"(即"战斗地区")之外,日本自卫队的"后方支援"活动不应由于被视为"武力行使一体化行为"而受到限制。换言之,撤销了原"后方地域"或"非战斗地区"的概念,使"后方支援"的法理出发点发生了从"例外"到"常态或默认态"的根本性转变。不仅如此,从媒体披露的执政联盟内部讨论记录等来看,日本政府内部对于所谓"战斗地区"或"武力行使一体化行为"的掌握标准十分苛刻。2015年,日本曾就"与他国武力行使的一体化行为"发表政府统一见解,其中宣称,"(关于是否属于武力行使一体化行为)应根据(自卫队)该行为的场所与战斗活动发生或即将发生的地点之间的地理关系而定",态度暧昧不清。① 但在2014年《读卖新闻》披露的安保法治整备相关执政党内部会议上,日本政府曾向公明党方出示了判断"武力行使一体化"行为的4项标准,主张自卫队行动只有满足"全部4项标准"才将被认定为"武力行使一体化行为"而被禁止。② 正是基于上述认识,安倍政权向国会提交了《周边事态法》修正案等两法。修法之后,宪法对于自卫队在海外进行"后方支援"活动的限制被压缩到最小,自卫队行动的自由度则大为提升。

正因如此,"新安保法案"一经推出就在日本社会引发了巨大

---

① 『「他国の武力の行使との一体化」に関する質問主意書』、https://www.sangiin.go.jp/japanese/joho1/kousei/syuisyo/196/syuh/s196149.htm。

② 这4项标准是:受援部队的战斗行为业已开展;(自卫队提供的)物品、服务等被直接用于战斗行为;受援场所是战斗现场;(自卫队的行动)与受援部队的战斗有密切关系。「多国籍軍 後方支援に新基準 政府提示 戦闘地域も可能」、『読売新聞』2014年6月3日。

争议。以日共、社民党为首的护宪势力及和平人士抨击法案将把日本变成"能战之国",称法案为"战争法案"。在 2015 年 6 月的众议院宪法审查会第一轮会议上,包括自民党举荐人员在内,出席会议的 3 名宪法研究者一致做证"'新安保法案'违反宪法",导致组织方不得不在十余天后再次召集第二轮审查会议。同年,在《朝日新闻》针对 209 名日本宪法学者的紧急问卷调查中,有过半数(119 名)受访人员明确认为或倾向于认为法案违宪。① 媒体民调对此也有强烈反映。日本广播协会每月民调数据显示,第二次安倍政权的内阁支持率在 2015 年"新安保法案"审议前后快速下降,并且出现了政权起步以来支持率和不支持率的首次交叉。② 然而,安倍故技重施,利用执政联盟对国会控制,强行在众、参两院通过法案,并于次年经内阁批准正式成为日本法律。其后,日本国内旋即爆发了声势浩大的安保法治反对运动,成为近年来日本国内少有的反政府市民运动。据组织方推测,高峰时至少有多达 12 万人在国会外示威,反对国会就法案进行强行表决。③ 此后,日本各地要求废除法案的诉讼亦接连不断。但遗憾的是,从次年参院选举中执政联盟席位小幅增加,以及安倍内阁支持率在不到一年的时间内反弹回升,重新反超不支持率等结果来看,安保法制反对运动在拦截法案与夺取政权上遭遇双重失利。

---

① 安保法案学者アンケートに関するトピックス、https://www.asahi.com/topics/word/%E5%AE%89%E4%BF%9D%E6%B3%95%E6%A1%88%E5%AD%A6%E8%80%85%E3%82%A2%E3%83%B3%E3%82%B1%E3%83%BC%E3%83%88.html。

② 「安倍政権は、なぜ続くのか」、『NHK 政治マガ()ジン』2019 年 11 月 19 日。

③ 「12 万人が怒りの国会包囲 全国 1000 カ所以上で『戦争法案廃案!100 万人行動』」、全労連サイト、https://www.zenroren.gr.jp/jp/news/2015/news150901_01.html。

（三）其他制度性突破

除 2015 年"新安保法案"这一规模最大的集中改革外，第二次安倍政权任内，日本还在其他多个安保相关重要问题上获得制度性突破。如 2014 年，国家安全保障会议审核通过《防卫装备转移三原则》，取代原"武器出口三原则"中的武器出口禁令，允许在一定条件下出口防卫装备。根据调整后的三原则，2020 年日本与菲律宾签署武器装备采购合同，决定对菲出口新型陆基相控阵雷达，正式迈出了战后武器装备出口的第一步。2015 年，防卫省防卫装备厅正式实施安全保障技术研究推进制度，公开招募高校、企业等民间力量参与武器装备研发，其后各年度均有高校、研究机构应征并中选，打破战后日本学界不参与军事研究的惯例。学界代表机构，有"学术界国会"之称的"日本学术会议"曾在 2017 年公开声明反对防卫省的这一制度，但在 2022 年 7 月针对"军民两用"技术的最新见解中，该机构转而主张"难以对军民两用技术进行精准区分"，被外界普遍视作为日本学界参与军事研究松绑。正是以全面重整安保法制为基础，安倍政权加快推动日本自身的防卫力量建设，加速挣脱战后体制对日本军事力量发展的束缚，打造"可战、能战之国"。

第二节　日美同盟政策：指向更平等的同盟

安倍任内的日美同盟政策以安保合作为重点，积极响应美国对日本"承担更多安全责任"的要求，加速同盟军事一体化，以同盟为牵引推动日本加速打破战后体制对其军力发展的限制；同时巧妙借助国际格局深度调整的外在压力，加强日美在地区、全球战略中的协调配合，充分调动日本自身的战略自主性，不仅在美国特朗普主政的特殊时期稳定双边同盟和地区秩序，更兼顾日美双方利益诉求，设计并推广相应的战略框架，"补强"美国战略收缩的大周期下日益暴露的薄弱环节，充当匡扶美国地区与全球霸权的助力，从而向美国战略层提示日本作为地位平等的战略合作伙伴的价值。在维持扩大日本于美国霸权治下的既有红利的同时，达到摆脱"占领体制"的目的。由于第一次安倍政权短命，安倍在此期间未能充分实现包括调整同盟关系的外交抱负，真正有意义的同盟政策主要集中产生于第二次安倍政权期间。

一、开展首脑外交，增进高层互信

同盟在安倍政权的对外战略中的优先地位首先表现在其高频度的首脑外交之上。第二次安倍政权经历了奥巴马、特朗普两届政府。截至 2018 年 8 月，日美首脑会晤次数多达 16 次。安倍亲自访美达 13 次，居出访国家之首，亦远超历任首相。二次上台后不久，安倍旋即于 2013 年 2 月访美，第一时间修复民主党时期混乱的日美关系，重新同美国"知日派"建立联络。奥巴马政府时期，由于日本政权重新回到了亲美保守的自民党手中，日美间传统的制度性沟通联络机制恢复正常使用。双方首脑亦维持了亲密同盟之间的正常来往互动。但彼时因双方各层级的沟通均遵循常规模式且运转良好，首脑外交的作用并不凸显。真正展露首脑外交为同盟关系保驾护航作用的还是在特朗普执政期间。

2016 年 11 月，共和党候选人唐纳德·特朗普意外当选美国总统，令原本押宝民主党胜选的安倍团队"措手不及"。安倍当即决定临时改变行程，"君子豹变"，亲身飞往纽约特朗普大厦拜见特朗普，以图第一时间弥补因预判错误可能为未来四年日美关系带来的不利开局。其后在两人任期交替期间，安倍又投特朗普所好，包括开展高尔夫外交、打点其身边亲信、在其访日期间给予高级别外交礼遇等,通过"身姿柔软"的首脑外交,成功与其建立良好的私人关系,充分利用特朗普及其团队自上而下的决策风格,从首脑层面发挥对美影响,渗透日本自身的政策主张。从其结果看,安倍顶住特朗普政府在贸易赤字、驻日美军军费分担比例、区域贸易协定等问题上的压力,维持了对美关系的基本稳定,并在中美贸易和技术竞争的不断升级中,于中美两国间保持大体平衡。在美国建制派里应外合下,安倍政权成功令日美同盟度过特朗普危机,实现两国关系的"唐纳德·晋三蜜月"。

二、加强日美军事一体化

安倍政权所进行的一系列安保体制改革与其同盟政策存在联动关系。安倍政权以打破战后体制下"非军事化"原则对于日本发展军力的种种限制的方式,推动日美间军事一体化水平达到新高度。在发展同盟间安全合作与增强日本自身军力,维持其国防自主性之间保持微妙的平衡。

(一)安保体制调整与加强日美军事合作关系并举并进

2012年安倍重返首相宝座之后,凭借长期政权的稳定优势重启安保改革,同时亦与日美同盟关系的调整升级形成呼应。2013年,日美"安保磋商委员会(2+2)会议"就修订与升级1997年版《日美防卫合作指针》达成共识。同年12月,安倍政府发表战后日本首个《国家安全保障战略》,战略将日美同盟置于"维持亚太地区和平与稳定的中心力量"的地位,并宣布将全面重整安保法制以适应同盟发展的需要,为之奠定内政基础。此外,就2013年版《国家安全保障战略》的内容来看,其制定时显然参考了美英的相关制度及《阿米蒂奇报告》等重要战略文件。2013年版

《国家安全保障战略》称,"作为国际社会主要成员之一,我国(即日本)应该在全球化的世界发挥更加积极的作用",被普遍认为是对 2012 年第三次《阿米蒂奇报告》中对日本战略意图的质疑,即"日本是否有意继续充当一流国家"的某种回应。2016 年、2017 年的另外两项治安立法,① 即《通信监听法》修正案、《打击有组织犯罪法》修正案实际上也为日本与美英等西方情报机构合作打开方便之门。经过一系列调整和改革,日本安全相关决策、情报、部署等多领域制度出现了更多的美式特征,为日美双方安全合作进行机制对接减少部分制度层面的障碍。

(二)"解禁集体自卫权"成为日美军事一体化的"关键一步"

至 2013 年底,安倍政权已通过特定立法,设置"国家安全保障会议";通过《特定秘密保护法》等,加大对于敏感情报的保护力度;修改《防卫大纲》,将日本军力发展以及日美安全合作重心从北部转向西南,以应对中国在日本西南海域的活动;其后,安保体制改革逐渐步入了更改宪法解释及"解禁集体自卫权"这一重、难阶段。

2013 年的日美"安保磋商委员会(2+2)会议"上,日方代表先行向美方"交底",表明正在推进变更相应的宪法解释以"解禁集体自卫权";同时,2013 年版《国家安全保障战略》以集体自卫权的行使为默认前提,提出"强化日美同盟""作为维护国际社会的和平与安定伙伴,强化外交与安保合作"等任务。经过一系列部署和铺垫,2014 年 7 月,安倍政权通过内阁决议,修改针对现行宪法第九条的政府相关解释,将"自卫权发动三条件"变为"武力行使三条件",事实上部分解禁了集体自卫权。新宪法解释

---

① 《特定秘密保护法》、《通信监听法》修正案和《打击有组织犯罪法》修正案被媒体总结为安倍任内的"治安三法"。

旋即以最快速度得到制度性落实，甚至先行传递至同盟政策领域。2015年4月，安倍访美并与奥巴马政府签订新《日美防卫合作指针》，实现了战后日美同盟大调整，宣示了日美间"无缝衔接的""全天候"的同盟发展方向，大幅拓宽了日本对美国进行军事援助的范围，并将军事合作的视野从日本周边拓展至全球。根据新《日美防卫合作指针》，日本有权在美国受到第三方威胁时给予援助，也可以协助美国在中东执行扫雷任务。这实际上正是"行使集体自卫权"相关内容；同年5月，日本凭借首相和执政联盟的强势地位在国会强行通过反映新宪法解释的"新安保法案"；同年11月，两国防长宣布成立同盟协调机制与共同作战计划制订机制，日美军事一体化程度进一步加深，使得日美两军"在战后首次能够并肩作战"。[①] 从而在制度及实务层面就同盟"双向性"取得决定性突破。

三、升级战略合作，调整同盟内战略关系

尽管有不少学者和研究成果都倾向于将战后体制下的日美关系描述为双方"合谋"的结果，强调日方对美国这一外部力量巧妙的周旋与利用。但就整体而言，尤其在战略的宏观层面上，两国间主导与被主导关系依然一目了然。迄今为止未发生颠覆性变化。日本对外关系依然只能在"旧金山体制"为其划定的框架内活动。然而不可否认的是，在安倍任内，尤其在第二次安倍政权期间，日美同盟间的战略协作关系发生了有利于日本的偏转，原"旧金山体制"下失衡的"美主日从"模式首次有了幅度较大、触及根本的改变。

---

① ［美］迈克尔·格林著，谭天译：《安倍晋三大战略》，八旗文化2022年版，第136页。

（一）主动塑造外部均势

冷战后经过日美同盟转型，日本延续其美国国际战略远东支点的既有角色，被美国寄予帮助其构建名为"自由主义"实为单边霸权治下的国际秩序的厚望。但在此后较长一段时间内，尽管日本的保守势力、国家主义者奔走推进，由于日本战后体制"非军事化"的整体惯性，日本在发挥相应的安全功能时仍显示出被动性，在回应美国对日本安全要求时表现出延迟性。从冷战结束初期至21世纪前十年，日本在日美围绕国际秩序构建的战略协作关系中扮演的角色，相较于冷战时期尽管有所突破，但仍较为保守。日本主要从民主主义、资本主义市场经济原则等所谓"共同价值观"出发，以政治、外交协作等为主要方式，从旁协助美国维持并强化其治下的国际秩序；同时在安全领域，以国际维和行动、人道主义援助、反恐行动、共同打击海盗等带有较多公共产品色彩的方式，逐渐、迂回地增加日本在同盟内的安全功能。

相较之下，安倍时代的日本政府更多地展现出对于美国治下国际秩序的认可，不仅更为主动地将自由主义意识形态确立为本国内外战略支撑，并积极为所谓"自由、民主、基于规则的国际秩序"的维护提升相应的行动能力。

至少从第一次安倍政权时期开始，日本即已显露出将本国国家利益诉诸自由主义等"共同价值观"的迹象。在2007年初的施政演说中，安倍即提出将应将"加强与共同享有自由、民主主义、基本人权与法治价值观的国家间的合作"确立为日本外交的新三大支柱之一，明确打出了价值观外交的旗帜；"印太战略"的雏形——"自由繁荣之弧"的默认前提是日本模式作为地区民主政治及自由贸易的国际秩序的榜样作用，实际也带有价值观外交的意味在内。第一次安倍政权尽管时间短，却在引入"印太"概念的同时，事实上也以海洋活动为切入口确立了日本在国际秩序问题上的基本立场，即将所谓"自由开放海洋秩序"作为日本的重要国家利益。这一点被后来的日本政府所继承。2010 年 9 月，中日间发生钓鱼岛撞船事件，进而又引发两国间围绕该岛的"购岛风波"。为约束中国海洋活动，日本政府开始频繁提出所谓"法的治理"（法治）对于构建国际海洋规则的重要意义，强调"基于法制的自由开放的海洋秩序是国际社会安定与繁荣的基础"以及"在广阔的印太地区加强海上保安能力及法治建设，维持并强化自由贸易及航行自由规则"的必要性，并逐渐将这一"基于规则的国际秩序观"推广至海洋活动以外的领域。

第二次安倍政权起步后，意识形态更被其作为塑造内外均势的战略工具加以充分利用。2013 年版《国家安全保障战略》就不止一次将所谓"普世价值"作为国家的核心利益所在。随着国际政治现实逐渐进入中美博弈的语境，日本亦趁势将本国对华战略国际化，与美国对华战略由接触转向遏制亦步亦趋。"基于规则的国际秩序观"亦在事实上成为美国"自由主义国际秩序"的日本话语。这在一定程度上降低了日本对外战略的灵活性，致使说服东南亚等对华关系密切的周边国家对接印太战略时出现障碍，却同时也提升了与美国战略的密切性，不仅在亚洲——特别是在中国问题上缩小了日美两国战略意图上的差距，更使两国间战略互信走出日本首相的历史修正主义阴影，实现意识形态上的一致性。这一点在日美两国均获得了高度评价。防卫大学教授神谷万丈评论称，安倍自始至终明确站在以美国为中心的"基于规则的自由主义国际秩序"一边，反对凭借实力改变现状是其外交"享誉世界"的主要原因。[①]

（二）抓住特朗普"机遇"

奥巴马政府时期，安倍政权主要通过对接美国"亚太再平衡"

---

① 「［正論］安倍積極外交の方向性継承を　防衛大学校教授・神谷万丈」、『産経新聞』2020 年 9 月 2 日。

战略，协助美国维持在亚太地区的力量配置和干涉力度，追随美国谋求亚太地区主导权。这一时期出台的日本《国家安全保障战略》虽主张日美两国在"普遍价值观"等问题上拥有相同的战略利益，但更着重强调日本之于美国的战略价值。显然，日美双方在其中的地位并不平等，呈现微妙的"美主日从"状态。[①]

2016年特朗普在美国大选的胜利成为日美战略协作模式转变的直接契机。秉持"美国优先"政治理念，特朗普反映并且大大加速了美国战略收缩进程，在世界范围内削弱了美国对外安全承诺的可信度，动摇了美国的同盟体系，同时也动摇了以美国霸权为前提的所谓"自由主义国际秩序"。相较之下，安倍长期政权治下的日本则凸显了超过美国的稳定性、可预测性。不仅通过日本国内的安保大改革等一系列进程有效提升了配合美国远东战略的能力，更在白宫"失控"的情况下展现出不同于美国的领导力，发挥了稳定美国在本地区既有战略框架的作用，包括但不限于在特朗普主导退出《跨太平洋伙伴关系协定》的情况下，组织剩余谈判国签署《全面与进步跨太平洋伙伴关系协定》，为美国未来可能的回归保留既有框架；进而作为忠实的远东盟友为同盟的战略远景提出"印太战略"等设想，使得该战略在牵引日美同盟关系发展的同时，引导了美国亚太同盟国、伙伴国家之间的安全及战略合作，密切深化了美国亚太同盟体系，推动其由辐辏式向复合式方向发展并向域外延伸，同北大西洋公约组织等美国其他同盟体系建立合作关系，从而对美国在本地区及全球层面的霸权起到了补充、支撑的作用。

[①] 这一版《国家安全保障战略》对日美关系的描述如下："日美同盟是我国国家安全保障的基轴。对美国来说，也一直是其与韩国、澳大利亚、泰国、菲律宾等地区各国的同盟关系网的核心要素，是其太平洋战略的基础。这种紧密同盟关系的基础是，日美两国共享自由、民主主义、尊重基本人权、法制等"普遍价值观"和战略利益。还有一个基础是，我国在地理上位于作为美国干预亚太地区事务基础的重要战略位置上。"

「"摆脱战后体制"——日本安倍晋三政权的路线及实践」

安倍政权的一系列行动提升了美国对于日本在美国对外战略中价值的评估。2020 年 12 月,第四份《阿米蒂奇报告》在拜登上任前夕发布,首次将日本视作同盟中平等乃至在部分情况下可发挥主导作用的力量,称美国急需该力量帮助其实施新战略、重塑地区秩序。[1] 美国建制派重掌白宫后,拜登政府延续了这一评价。2021 年,继任日本首相菅义伟成为拜登接见的首位外国首脑,显示了美国对日本的重视。日美战略协作关系的新形态获得了美国政府和战略界的承认。

第三节 外交战略转型:变被动为主动

两次安倍政权在外交领域表现活跃,被外界称为"外交的安倍"。第二次安倍政权更充分发挥长期政权政治稳定的优势,以"积极和平主义"为基本理念,以大国关系为重点,"俯瞰地球仪外交",增强战略活跃度,开展战略外交;在推进"战后外交总决算"的同时,从整体上推动日本对外战略转型,加速战后国际秩序的转变,以期最终摆脱战后体制束缚,实现日本的政治大国梦。

一、战后外交总决算

安倍政权提出"战后外交总决算",企图彻底抛弃对外关系中的"第二次世界大战战后处理"课题,竭力淡化乃至试图否定第二次世界大战战后秩序作为当前国际关系准则基础的作用,摆脱历

---

[1] Richard L. Armitage and Joseph S. Nye, "The U. S. – Japan Alliance in 2020 AN EQUAL ALLIANCE WITH A GLOBAL AGENDA", https://armitageinternational.com/wp-content/uploads/2021/01/120720_ArmitageNye_USJapanAlliance_Report.pdf.

史包袱。2015年8月15日,安倍发表"战后70周年首相谈话",提出"不能让与战争毫无关系的子孙后代担负起继续道歉的宿命",实际上声明了本届政府在战后处理相关历史问题上的基本方针。同时,加快在对外关系处理历史问题,以处理与第二次世界大战中的主要敌对国家双边关系为重点,强行推动战后处理问题早日了结,以跳出"无休止的、不断重复的""受害国抗议—日本谢罪"的外交模式,改变战后多年日本外交中"战争责任国""侵略者"面貌。

(一) 对俄外交

第二次安倍政权首先寻求在日俄关系上打开局面。一方面,俄罗斯继承了苏联作为第二次世界大战战胜国和国际社会主要大国的地位,是战后国际秩序的支点国家。无论就历史权益还是国际权力结构现实而言,俄罗斯对于日本在东北亚地区乃至整体国际秩序中的定位均具备重要发言权。另一方面,第二次世界大战后日俄并未正式缔结和平条约,两国间遗留有战后处理问题,并且在冲绳地位等问题上与日本现实国家利益紧密相关。安倍政权判断在克里米亚危机后遭受西方国家集体制裁的俄罗斯对日本经济和战略需求增大,期望通过扩大日俄远东经济合作规模、促进人员往来等方式拉近双方距离,营造关系向好的氛围,推动俄罗斯在和平条约及领土主权问题上采取更灵活的立场,实现对俄关系的"战后决算";同时借由改善日俄关系,平衡中国地区影响力,为本国在东北亚地缘政治博弈中增加筹码。2012年12月28日,安倍二次上台伊始就与俄罗斯总统普京通了电话,双方讨论了日俄争议领土、重启日俄和平条约谈判等内容,并一致同意就上述问题尽快双方外交机构作出指示,从而开启了本轮日俄间试探关系改善的进程。2014年11月,日俄首脑会谈就以1956年《日苏共同宣言》为基础加速日俄缔结和平条约谈判达成一致。2016年普京访日,双方约定在日俄争议领土的南千岛群岛（日本称"北方四岛"）推进"共同经济活动"。整个第二次安倍政权任内，安倍与普京共会面27次，占安倍会见所有外国首脑中的首位。其间，日本政府在争议领土主权宣示、俄在日本外交战略中的定位等多方面有意保持克制，为在争议领土问题上转向"两岛方案"作了大量的舆论铺垫。但因双方在领土问题上的立场差距过大，普京政府的对日接触政策在俄国内激起强烈反应。2019年，俄罗斯外长拉夫罗夫多次敦促日本承认俄罗斯基于第二次世界大战结果对南千岛群岛拥有主权。在反对势力的不断推动下，2020年俄罗斯通过宪法修正案，写入禁止向外国割让领土的条款，实际上宣告了日方在领土问题上的盘算落空。第二次安倍政权时期热络的对俄罗斯外交无果而终。

（二）对华外交

安倍对华防备和竞争意识强烈，持"中国威胁论"，将中国视为"21世纪最大的外交安保课题"。[①] 但2016年特朗普当选美国总统后，日美关系不确定性大幅增强，迫使安倍政权调整对华政策，提高日本对外战略的平衡性。推动与中国的"外交总决算"是其方式之一。2018年，中国总理访日，安倍访华，昭示两国关系正式回暖。在其二次上台后的首度访华中，安倍提出新时代发展中日关系的"三点意见"，呼吁开启所谓"新时代的中日关系"，实则是寻求在改善中日关系的同时，于双边交往中挣脱历史包袱，扭转其眼中对华外交的被动弱势地位，服务于"摆脱战后体制"路线需求。2020年新冠疫情暴发后，日本对华政策出现动摇，并逐步向美国倾斜。随着安倍后续政权对其国内反华势力的放纵乃至利用升级，日本对华立场趋于僵硬，与中国对抗竞争的一面重新支配日本对华政策。启动于第二次安倍政权任内的本轮中日关系改善逐渐失去条件，同时也意

---

① 安倍晋三、『安倍晋三回顧録』、中央公論新社2023年版、第319頁。

味着安倍试图推行的对华"战后外交总决算"外交以失败告终。

（三）对韩外交

安倍政权以"战后外交总决算"之名，寻求单方面终结日本对外交往中的历史议题的真实意图在其对韩政策中表现得最清晰。

2015年底，日本与韩国朴槿惠政府就"慰安妇"问题达成《慰安妇问题协议》。因该协议在韩国国内缺乏民意支持，继任的文在寅政府对其予以事实搁置。韩国市民团体亦继续就"慰安妇"问题寻求实现历史正义，在2015年后继续在韩国及世界其他国家设置"慰安妇少女像"。然而，韩方就"慰安妇"问题重新对话的要求遭到日本政府严词拒绝。时任官房长官的菅义伟强硬表示"（协议）动1厘米也不行"。① 日本政府在公开场合反复强调双方协议中已约定就"慰安妇"问题达成"最终和不可逆的解决"。日本外务省网站上"我国就慰安妇问题的举措"网页声明要求韩国切实履行"国与国之间的约定"。② 除"慰安妇"问题外，2018年，日韩再度因"强征劳工诉讼"引发纠纷。日本政府援引两国在1965年签署的《日韩请求权协定》③，拒绝韩国"翻案"。该协定规定日韩两国在战后的财产请求权问题已获得"完全和最终解决"。其后，日本政府在半导体原料出口等问题上公然发起对韩报复，降低对韩外交优先度，对韩国施压。受此影响，第二次安倍政权任内的日韩关系始终在低谷徘徊。2022年，即将卸任的韩国总统文在寅总结任内日韩关系状况时称，"两国关系恶化非因韩国之

---

① 「菅官房長官『慰安婦合意、1ミリも動かない』…3回繰り返す」、『中央日報』2018年1月16日。

② 日本外務省、「慰安婦問題についての我が国の取組」、外務省サイト、https://www.mofa.go.jp/mofaj/a_o/rp/page25_001910.html。

③ 全称为《关于解决财产及请求权问题及有关经济合作的日本国与大韩民国之间的协定》，是《日韩基本条约》的附属条约。

变，乃是因为右倾的日本转变了态度"。①

当前，日本事实上主张"慰安妇"问题、强征劳工等历史问题相关责任及权益问题已全部在日韩间现有的条约体系中得到解决。安倍政权则同时在外交层面上，将日韩纠纷的内核从战争相关的历史责任偷梁换柱为"遵不遵守国与国之间协议"的外交责任，从而将日韩关系恶化的责任转嫁给韩国。2015年日韩《慰安妇问题协议》正是基于上述目标而设计的。在其回忆录中，安倍以自夸"先见之明"的口气表示从一开始就对韩国政府能否履约抱有怀疑态度。为了约束韩国行为，安倍接受谷内正太郎的建议，在协议中加入了"由国际社会见证"等措辞。② 关于协议的目的，安倍露骨地表示正是为了"让今后包括我在内的日本首相在'慰安妇'问题上连'慰'字都不用说"③；从外交效果看，"虽然协议确实被推翻了，但日本在外交上却站到了道德高地上"，日本可以"在每次与对方见面时都要求对方'遵守共识'"，得意神色难以掩饰。④

（四）对朝外交

从踏入政坛的那天起，安倍就是对朝强硬派，反对任何缺乏日本人绑架问题解决前提下的对朝绥靖、怀柔政策。据日本学者中岛岳志分析，安倍在出任首相前其实只关心四件事：历史认识问题、打倒左翼及自由派势力、强化日美安保以及解决日本人绑架问题。⑤ 在其回忆录中，安倍主张对朝鲜的压力政策是有效的，并曾

---

① 「文大統領『日韓関係の悪化、日本の右傾化が原因』」、『日本経済新聞』2022年4月26日。
② 安倍晋三、『安倍晋三回顧録』、中央公論新社2023年版、第171頁。
③ 安倍晋三、『安倍晋三回顧録』、中央公論新社2023年版、第171頁。
④ 安倍晋三、『安倍晋三回顧録』、中央公論新社2023年版、第173頁。
⑤ 倉橋耕平、「官製歴史修正主義 安倍政権の大願成就」、『世界』2023年8月号、第115頁。

竭力说服美国特朗普政府保持对朝高压。① 美朝关系在 2018 年突然缓和打了日本一个措手不及。安倍在回忆录中称双方首脑"不久前还在推特上互相谩骂，现在却突然转向对话路线"。② 安倍及日本政府试图挽回局势，但"特朗普并未给予回应"。在此情况下，安倍决定优先提出解决日本人绑架问题。从这点来看，安倍政权在对朝问题上寻求的主要是"日本人绑架"这一战后日本对朝外交课题的决算，甚至仅是在外部压力下被迫试探对朝接触，以免在朝鲜问题上"出局"。安倍在 2019 年新年记者招待会上介绍，朝鲜局势"因为去年 6 月的美朝首脑会面实现历史性的转圜"，日本"为了不错过解决朝鲜核、导以及最重要的日本人绑架问题的机会而果断行动"。③ 尽管日本外交一再将日本人绑架问题与日朝建立邦交相连，但"决算绑架问题"与"决算战后日朝关系"两者显然相去甚远。事实上，安倍也并不认为 2018 年的朝鲜半岛局势转圜能够彻底改变半岛问题的结构。对于当时文在寅政府彻底结束朝鲜战争的目标，安倍对特朗普表示"文（在寅）太乐观了"。④ 而另有韩国学者披露，平昌冬奥会期间，安倍甚至在日韩首脑会谈时向文在寅提出了冬奥会后重开美韩军演的要求，毫不掩饰其破坏半岛和解气氛的意图，被文在寅第二次世界大战以干涉内政为由予以拒绝。⑤

除此之外，2016 年，美国总统奥巴马访问日本广岛，成为战后首位访问广岛的美国总统；安倍随后回访了美国夏威夷珍珠港，发表"和解演说"。通过这两次互访，日美联手营造出历史和解的

---

① 安倍晋三、『安倍晋三回顧録』、中央公論新社 2023 年版、第 293 頁。
② 安倍晋三、『安倍晋三回顧録』、中央公論新社 2023 年版、第 292 頁。
③ 安倍晋三、「平成 31 年 1 月 4 日　安倍内閣総理大臣年頭記者会見」、首相官邸サイト、https：//www.kantei.go.jp/jp/98_abe/statement/2019/0104kaiken.html。
④ 安倍晋三、『安倍晋三回顧録』、中央公論新社 2023 年版、第 295 頁。
⑤ 南基正、「封印された歴史——韓国から見た安倍政治」、『世界』2023 年 8 月号、第 163 頁。

气氛。在 2015 年世界反法西斯胜利 70 周年前后，安倍还开展了一系列相关外交活动，如访问以色列时拜访犹太大屠杀纪念馆、重新发掘有"日本辛德勒"之称的外交官杉原千亩的事迹并开展纪念宣传活动、访问立陶宛等欧洲国家时突出杉原千亩等日本个人对反法西斯正义事业的贡献等；不顾第二次世界大战时期日德两国实为盟友的事实，将日本帝国政府与德国纳粹政权切割。

总而言之，第二次安倍政权以四面突围的姿态，逐个试探战后秩序的关键节点国家，期望取得对日本转换战后秩序的理解或认可，并在日美历史和解问题上取得关键性突破。其背后是历史道义性的缺席。对于在冷战特殊历史条件下未能得到充分清算的日本第二次世界大战战争责任，安倍政权显然无意弥补，更企图将"片面媾和"中取得的战后处理优惠条件作为既成事实推广，强加于其他第二次世界大战当事国，强行终结战后处理问题。难以否认这种不顾历史发展脉络和外交现实的单边主义做法的局限性。虽然在"外交总决算"推进过程中，第二次安倍政权实现了日美"和解"，在一段时间内维持了中日关系和日俄关系的缓和，并且成功以 2015 年《慰安妇问题协议》牵制了韩国，限制了韩国外交就历史问题发起对日攻势，部分摆脱了对韩外交在历史问题上"韩攻日守"的被动局面。然而，安倍的上述外交成绩并不稳固，难以经受外界条件变化的冲击，更离真正的"总决算"相去甚远，未能从根本上打开日本外交的局面。除日美暂时"和解"外，本轮安倍政权主导下的中日、日俄之间的缓和进程皆已失去动力或以失败告终，日韩间围绕历史问题也远未实现"最终和不可逆"的解决。以事实证明安倍政权决算战后外交的路径选择错误，也说明单个国家无力单方面决定第二次世界大战战后秩序的发展前景。

二、当代泛亚主义外交战略

安倍继承并拓展了国家主义一脉战略传统中的泛亚主义，着重强化印度洋与太平洋之间的两洋联动，从日本传统战略文化中对东亚、东南亚、印度等广大亚洲地区的关切提炼出"印太"这一战略概念，将该地区设定为一块崭新而完整的地缘政治板块，以此为核心重构日本对外战略构想。印太地区亦在事实上成为日本开展战略外交，发挥主导作用，调动或牵制主要大国的主要场所。这一宏大的战略构想不仅帮助日本打破战后体制下外交被动、逼仄的局面，逐渐夺回外交主动权，更使得本地区成为日本扩大体系层面影响力，提升国际地位，实现其政治大国夙愿的基础和跳板。

这一泛亚主义外交战略由以日本为中心的各类复杂的穿梭外交、双边及多边框架构成。安全对话、军事合作在其中处于突出位置，但亦同时包括如《跨太平洋伙伴关系协定》《区域全面经济伙伴关系协定》等双边和多边贸易谈判、针对跨境数据流动的国际数据监督体系构建等公共治理与规则制定、跨境基础设施建设及相关政府开发援助以及依托于"民主、自由"等所谓"普世价值"的"价值观外交"在内的多种相对柔性手段；在对象关系上则涵盖同盟（美国）、准同盟（澳大利亚、印度）、伙伴（东南亚国家、韩国等）、竞争对手（中国）等各类关系。但战略的核心构件无疑是"自由、开放的印太战略"和日美印澳"四边机制"。

"自由、开放的印太战略"是在第二次安倍政权主导下形成的地区安全合作机制，后为避免过度刺激战略主要对手中国及照顾东盟等潜在合作对象的对华顾虑，改称"自由、开放的印太构想/愿景"这一更柔和的称呼。第一次安倍政权时期，外交大臣麻生太郎曾于2006年11月在日本国际问题研究所发表演说，提出了一种从俄罗斯东部，沿着中国周边展开直至欧洲的外交构想，即"自由繁荣之弧"。这一外交构想在一定程度上可被视为"印太战略"的雏形，在其提出伊始即被认为具有明显的"中国包围圈"性质。2007年8月，安倍在印度发表题为"两洋的交界"的演说，明确将印度洋与太平洋视为一个整体。同年5月，安倍政权还进行了日本与具有"共同价值观"的美国、澳大利亚、印度三国的战略对话。此后"印太战略"的基本构架已然出现。但这一切很快随着第一次安倍政权的短命而偃旗息鼓。安倍二次上台之后，在重新将与自己政治理念相近的麻生太郎纳入外交决策圈的同时，亦重拾了"自由繁荣之弧"的原始方案，并将其升级为"印太战略"。从2013年起，日本政府开始频繁使用"印太"一词。2016年8月，安倍在第七届非洲开发会议中正式提出"自由、开放的印太战略"。2017年，安倍成功与正在访日的美国总统特朗普就日美共同推进"自由、开放的印太战略"达成共识，为战略推进争取到美国作为后盾，从而大幅增加了其现实性和有效性。

2012年12月，安倍在国际传播领域智库——项目辛迪加发表署名英文论文，提出了"安全钻石构想"，其重要内容是由美国、日本、澳大利亚和印度4个海洋民主国家进行安全合作，携手保护连接印度洋与太平洋的海上贸易航线及维持法律秩序。这一构想随后被"印太战略"所吸纳，发展为日美印澳"四边机制"。在印太视域下，日本着力加强同印度、澳大利亚等地区重点国家的关系。2018年10月，日印就共同实现"印太战略"设想达成一致，建立起国防与外交"2+2"协调机制，启动《物资劳务相互提供协定》谈判。同年11月，日澳同样就共同推进"印太战略"达成一致，约定继续深化"特殊战略伙伴关系"，加强防务合作。2019年，日美印澳"四边机制"召开首次外长会议。近年来，该机制对于日美"印太战略"的支柱作用日益展露。

日方还积极推进"印太战略"与东南亚国家对接。与历史上的泛亚主义不同，安倍政权所推进的当代泛亚主义战略明显从传统的大陆型转向了海洋型，相较于中国大陆、朝鲜半岛等，作为两洋交界枢纽的东南亚成为其战略主攻方向。日本希望与东南亚国家建立更加密切的关系，包括将这一地区最重要的地区组织东盟吸纳进"印太战略"，对冲中国在当地不断扩大的影响力，增加日本的战略筹码。印尼、越南、菲律宾等地区大国都是日本相关工作重点。日本发挥自身的资金、技术等优势，经由政府开发援助（ODA）渠道，以提供海上能力建设援助与南海问题为切入点，加强与菲律宾、越南等国的海上防务合作。日本新《防卫装备转移三原则》于2014年正式生效后，亦很快于2016年向菲律宾有偿出借5架海上自卫队教练机TC-90，为日后同类型活动首开先例。但从东南亚国家的角度而言，鉴于地缘政治与密切的经贸往来等因素，本地区国家对于"印太战略"中过于露骨的对华企图心存疑虑，极力保持自身中立及东盟在地区事务中的主导地位，避免卷入大国之间的纠纷。2019年，东盟提出了自己针对印太地区的区域多边合作框架——"东盟印太展望"。此后，围绕如何与东盟这一框架进行对接，日本仍持续与中国的共建"一带一路"倡议展开竞争。

印太区域之外，日本还积极强化与英国等西方强国的防务合作关系，推动这些域外国家加大向印太地区的战略倾斜，包括邀请两国的航母编队访问日本港口，配合其游弋印度洋、南海等地。仅2018年，日本就与法国、英国、加拿大、澳大利亚多国缔结了防务领域的《物资劳务相互提供协定》，确保战时相互提供弹药和后勤支援，并与美英法在亚太地区开展联合演练，构建基于规则的国际秩序的野心展露无遗。2019年，安倍在国会外交政策演讲中将"印太构想"公开定位为本国外交核心任务之一。在安倍离职后，"印太构想"作为第二次安倍政权的最大成果被后续的菅政权、岸田政权所继承。

本章小结

"摆脱战后体制"路线的对外实践部分主要涉及安保、外交以及同盟政策，综合起来即日本作为国际社会行为体的对外交往模式问题。实际上也正是狭义上"吉田路线"所规定的范畴。众所周知，战后日本的对外政策被认为遵循了"吉田路线"，主要表现为"重经济、轻军备"以及与之相关的"战略上对美跟随"等特征。显然，安倍晋三的"摆脱战后体制"路线旨在正面挑战"吉田路线"，从根本上提升军事安保在日本对外交往中的权重，尝试改良日美同盟中"美主日从"的状态，并试图挑战战后国际秩序以从整体上改变日本在国家间权力结构中的不利地位。

结 论

一、日本战后体制遭受重创

本书在第三章归纳出"摆脱战后体制"三个主题共计九项中心任务清单。依据这一清单，在此逐项就安倍政权对路线实践效果进行评估。

（一）自主制定宪法：整体推进且取得关键进展

两次安倍政权以密集的节奏推进修宪大业，在完善修宪法律程序，针对宪法第九条释宪等方面取得实质进展。不仅如此，随着第二次安倍政权长期化，日本政坛内外整体修宪氛围日益浓厚；围绕修宪的新社会共识加速凝聚。

首先，护宪议题的政治动员力下降，传统护宪势力羸弱失能，在国会议席数上的结构性制衡作用趋弱。2016年，修宪势力在第24届参议院选举中拿下了超2/3的参院席位，加上执政的自公联盟已掌握超2/3的众院席位。[①] 修宪势力同时在众、参两院达到法律上提出修宪方案所需条件，在日本战后宪政史上具有划时代的意义。秉持护宪立场的政坛中左翼势力未能组织起有效反击，几乎坐

---

① 「改憲勢力、参院の3分の2超　与党で改選過半数」、『日本経済新聞』2016年7月11日。

视修宪势力坐大。

其次，修宪议题关注度从政界、学界向社会大众扩散，并向待修条款、方式等具体内容深化。围绕修宪的民意从长期看倾向于支持，在短期内则有向谨慎轻度反向回调迹象。日本广播协会持续了半个世纪的年度"宪法意识调查"显示，近二十年来倾向于修宪的民意存在若干重要下降点，如2006年、2012年、2014—2015年、2016—2017年等，分别对应《国民投票法》颁布、持强修宪意愿的第二次安倍政权起步、内阁决议通过部分"解禁集体自卫权"及"新安保法案"的通过、修宪势力在参、众院选举中走势强劲并最终获得众院超2/3席位等，反证了两次安倍政权任内修宪现实性的升高。①

总而言之，经两次安倍政权实践，现行日本宪法"不灭大典"的地位摇摇欲坠。修宪进程就法律程序、政治势力对比、民意等重要因素以及宪法第九条等关键环节取得全面突破。安倍身后，因牵引推动的政治力量有所弱化，日本的修宪节奏有所放缓，但其趋势方向延续不变，并且在新冠疫情、俄乌冲突等国内外危机刺激下得到强化。

（二）摒弃日本安保体制中的"非军事化"属性：实现战后以来的规模性突破，奠定了此后日本安保改革整体方向

在两次安倍政权的推动下，战后以来的日本军事安保改革完成了从小范围、特例型突破到涉及基本理念、制度设计的体系性转化。同时，政权充分利用百年未有的国际格局深度调整的契机，压制国内和平势力的反抗以及竞争性稳健路线的异议，固化国家安全战略整体转型之势，正面挑战战后体制的"非军事化"属性。

---

① 「半世紀のNHK世論調査からみる憲法『意識の変化』」、NHKサイト2022年5月2日、https://www3.nhk.or.jp/news/special/minnanokenpou/column/001.html。

「结　论」

2020 年安倍下台后，依然作为日本首屈一指的政治家、自民党内实权派长老继续发挥影响力，尤其在安保问题上的强硬姿态相较于在其台上时更甚。不仅屡发激进言论，还配合人事手段，督促菅义伟、岸田文雄等继任者遵循其任内确立的安保改革方向，并最终在之后的岸田政权任内"开花结果"。2022 年 12 月，日本完成了新版《国家安全保障战略》《国家防卫战略》[①] 和《防卫力量整备计划》[②] 三份安保政策文件修订，无视长期以来的沉重政府债务负担及当前物价上涨等民生问题，按既定计划将发展对敌方导弹基地发起直接攻击的反击能力等写入官方文件，在事实上架空了"专守防卫"原则；公开宣示将在未来五年大幅增加军事开支，在军费之于国内生产总值比例上向对标北大西洋公约的 2% 水平跃进等，标志着日本安保战略重大转向业已明朗，完全背离了战后和平主义。

（三）实现日美同盟内部平等：达成"双向性"预期目标，提升日美间的战略地位平等性

两次安倍政权成功维持了良好的日美关系，确保了"摆脱战后体制"路线调整同盟关系的必要前提。按照路线既有设想，第二次安倍政权全面调整了日本的安保体制，"解禁集体自卫权"，实现了日美双方对于同盟安全功能的提供和享有的对等性，变"单向的同盟"为"双向的同盟"，从而达到了尽可能从同盟关系中减少"占领"性质、提升同盟内部平等性的目标。

不仅如此，安倍政权对于日美同盟内部平等的提升并未止步于安全实务层级，而是达到了战略的高度。通过以更积极主动的姿态匡扶美国霸权，安倍治下的日本成功使日美同盟日益处于美国地区战略的中心位置，全球战略的重要位置。经特朗普"不稳定"时

---

① 原《防卫计划大纲》。

② 原《中期防卫力整备计划》。

期的验证,日本主动并有效帮助美国维持"自由主义国际秩序"的这一新战略价值获得美国政界、战略界日益广泛的认可。在日本对美国需求依然显著大于美国对日需求的大前提下,美国对日需求出现较为显著的上升并得到美方的承认。2020年底,美国智库"战略与国际问题研究中心"发表第五份《阿米蒂奇报告》。这一在美国对日政策上具有指标性意义的报告以较大篇幅肯定了日本近年来在美国亚太战略中所起的作用,并建议给予日本"更平等的同盟国地位"。① 迈克尔·格林在其最新著作《安倍晋三大战略》书中,多次使用美英"特殊伙伴关系"比照日美关系,认为"在印太地区对抗中国'霸权野心'的民主国家阵营中,拥有最明确概念、最具共识、最能落实大战略的国家,非日本莫属",② 对日本之于美国的战略价值与地位给予了非同一般的高度评价,假以时日甚至可与美英关系比肩。日美"旧金山体制"发生了微妙但明确的变化。

(四)重新强化中央集权:取得超过"平成行政改革"预期的效果

第二次安倍政权任内,日本官僚系统出现了地位的整体性"滑坡"。以首相与内阁为代表的权力中心对官僚形成全面性压制。政官关系达成了与战后体制下迥异的新型平衡,呈现"政主官从"的面貌,其程度超出"平成行政改革"设计者们的预期。曾在鸠山友纪夫③政权任内直接参与内阁人事局制度设计的松井孝治即曾

---

① Richard L. Armitage and Joseph S. Nye, "The U. S. – Japan Alliance in 2020 AN EQUAL ALLIANCE WITH A GLOBAL AGENDA", https://armitageinternational.com/wp-content/uploads/2021/01/120720_ArmitageNye_USJapanAlliance_Report.pdf.

② [美]迈克尔·格林著,谭天译:《安倍晋三大战略》,八旗文化2022年版,第19页。

③ 2013年,鸠山由纪夫宣布改名"鸠山友纪夫",以凸显其"友爱"的政治理念。但其官方网站和个人推特等社交媒体仍使用原名"由纪夫"。

透露，其之所以在2008年围绕《国家公务员改革基本法》草案的朝野磋商中提议扩大内阁人事局的人事审查范围，乃是为了缓和当时首相频繁更迭对于日本政治稳定造成的不良影响，却在无意中使得第二次安倍政权时期中央政治权力的集中获得制度之便。① 作为连带后果，行政权力对于政治权力的监督能力明显衰减。在第二次安倍政权的7年零8个月内，因为官僚内部告发而被曝光的丑闻屈指可数。在加计学园事件中，甚至出现了财务省高级官僚为遮掩政治家丑闻而篡改文书等严重问题。

社会管控制度的刚性整体增强。中央政治力量管控地方、行业等各类自治实体的意愿、制度手段及执行力度均有不同程度的上升，对社会生产生活介入的障碍减少、频率上升、程度加深。日本社会对中央政权的反抗或牵制能力则相应减弱。"新安保法案"、治安三法、普天间基地建设重启等多个议题显示，民意、舆论，乃至地方自治体等在越来越多的事务上难以对中央政权推进其既有政策安排构成有效影响。第二次安倍政权末期及其后，日本又接连面临新冠疫情、世界性经济衰退、俄乌冲突、中美对立升级等内外危机，客观上有利于中央集权的继续推进。例如，2020年的新冠疫情明显推升了"紧急事态条款"入宪的舆论热度。该条款入宪意味着在紧急事态发生时，中央政治权力可打破"立宪主义"权力分立的限制，为建立"紧急状态下国家总动员体制"而压制地方自治、限制人身权利。战前日本实施军事独裁，对外发动侵略战争，多与紧急事态情况下的国家权力滥用有关。明治宪法中的"紧急事态条款"事实上成为日本走上军国主义道路的制度性原因之一。出于对战前的反思，现行日本宪法未设"紧急事态条款"；知晓相关来龙去脉的日本法律界历来对该条款入宪态度

---

① 「官邸主導とは何だったのか 内閣人事局『生みの親』が語る安部・菅政権」、『毎日新聞』2021年9月27日。

也较为谨慎。① 然而在疫情期间，安倍本人、安倍的继任者菅义伟、岸田文雄等人，以及自民党中央等机构在不同场合，不约而同地发表公开言论，有意借疫情推动"紧急事态条款"入宪。尽管截至2023年底该条款尚未实现入宪，但部分媒体民调显示，疫情这一重大公共卫生事件对于提高该条款的民意支持度作用显著。②

（五）强化国家意识：在制度上取得进展，整体效果有待时间检验

在第一次安倍政权发起，第二次安倍政权的持续推进下，日本进行了战后以来最深刻的教育改革，实现了从理念到制度等教育基本构架整体从"强调个人"向"强调国家"转圜。鉴于教育对于国民意识的影响是深远而缓慢的，安倍政权相关政策是否真正起到了增强国家意识的效果应放在一个更长的历史周期内检验。

（六）排除战后"自虐"史观：取得进展

在两次安倍政权历史修正主义导向的直接作用下，日本政治中的历史修正主义倾向从官、民两个维度同时增强；社会整体围绕历史问题的立场显著后退。该趋势在"后安倍时代"依然继续。

政府方面，在"慰安妇"问题、强征劳工等多个代表性议题上，安倍的继任者们基本延续了其任内的方法和路线。2021年4月，日本再次通过内阁决议，宣称基于"未查到使用'从军慰安妇'表述的历史文献资料""容易招致误解"等原因，"不宜"使

---

① 片木翔一郎，「第20回『憲法の本質と緊急事態条項』」、2022年9月号、https://www.toben.or.jp/know/iinkai/kenpou/column/2020229.html。

② 例如日本共同社"关于宪法的舆论调查"结果显示，57%的受访者认为"为应对新冠病毒等传染病、大规模灾害，有必要对宪法进行修改，加入'紧急事态条款'"。《调查：57%的日本人认为需要为应对新冠疫情修宪》，共同网，2020年5月1日，https://china.kyodonews.net/news/2020/05/6b9c07862ecc-57.html。

用"从军慰安妇"或"亦即所谓的从军慰安妇"等表述，而应使用"慰安妇"为"规范用语"，"不宜"在"慰安妇"及强征劳工两个问题上使用"强制征用""人身劫掠"等词语。① 时任文部科学大臣的萩生田光一在国会答辩时明确表示将推动教科书相关表述更改。② 在2021年、2022年的教科书审定中，历史修正主义的审定意见层出不穷。2022年，文部省在高中历史、地理以及公民科目教科书审定中，围绕"从军慰安妇"以及强征劳工相关内容提出了共计14条审定意见，为历年来最多。③

民间方面，战后旨在推动日本与周边邻国历史和解的市民运动转入低潮，原和解运动的主要主导者——战后左翼进步势力及更广泛的和平势力对右翼政治的牵制力下降，更面临着支持群体萎缩等传承和发展问题。近年，上个历史阶段达成的部分历史和解成果出现被弱化甚至颠覆危险，其借口通常是"含有政治偏见""违反政治中立原则"等历史修正主义者惯用话语。例如，群马县的"群马之森"县立公园内设有朝鲜半岛劳工追悼碑。2014年该追悼碑持有的许可证到期面临换证更新，但群马县政府拒绝发放新的许可证，被市民团体诉至地方法院。2021年8月，东京高等法院推翻一审结果，判处原告败诉，支持县政府不发放更新许可证的行政决定。④

---

① 「衆議院議員馬場伸幸君提出『従軍慰安婦』等の表現に関する質問に対する答弁書」、https://www.shugiin.go.jp/internet/itdb_shitsumon.nsf/html/shitsumon/b204097.htm。

② 第204回国会衆議院文部科学委員会第13号 令和3年5月12日、国会議事録検索システム、https://kokkai.ndl.go.jp/#/detail?minId=120405124X01320210512&current=2。

③ 「安倍政権の教育改革が残したもの 愛工大・中嶋教授に聞く」、『中日新聞』2022年9月21日。

④ 「朝鮮人追悼碑の不許可は『問題なし』最高裁で群馬県の勝訴確定」、『朝日新聞』2022年6月16日。

（七）"回归"日本传统道德：在制度上取得进展，整体效果有待时间检验

安倍政权实现了学校教育体系中道德学科在战后的正式重建。鉴于战前日本学校的"德育"科目曾在战后民主改革中被定性为"匡扶极端国家主义"的工具，对其重建相当于挑战了战后民主原则，极具象征意味。与此同时，伴随着教育行政的全面收紧，教育行业的独立性下降，中央政治权力以道德学科为窗口加大对学生德育工作的干预力度。今后日本道德教育中的国家主义色彩恐继续增强，向以"忠君爱国"为特点的战前道德观回归。

（八）挣脱"战败国"身份束缚：在西方阵营内取得部分进展

以"战后70周年首相谈话"为代表的"战后外交总决算"在中俄等主要相关国家遭到了不同程度的挫败。但与此同时，却在日本国内、以美国为首的西方国家取得一定成果。2015年共同社、《读卖新闻》等日媒民调显示，至少有近半数的日本民众对"战后70周年首相谈话"持肯定态度，为此前因强推"新安保法案"等问题陷入低谷的安倍政权支持率打了一剂"强心针"。围绕谈话中以"不再让后代继续背负道歉的宿命"的表达方式传递的"外交总决算"意愿，有超半数以上的受访民众表达了某种程度的同感。[①] 该谈话同时还受到西方主要国家舆论的接纳乃至好评。2015年底，日韩《慰安妇问题协议》则在外交实务层面成功起到了翻转两国在该问题上道义优势对比的作用。日本国内民调显示：多数日本人将在协议破裂后的日韩双边关系恶化归咎于韩国文在寅政

[①] 「安倍首相の70年談話『評価する』44％ 共同通信世論調査」、『日本経済新聞』2015年8月15日。「70年談話「評価する」48％ 本社世論調査 「しない」は34％」、『読売新聞』2015年8月18日。

府。日韩关系中的重要"第三方"的美国也甚少听见对日本政府的相关指责。早在"战后70周年首相谈话"发表的一年后，日本学者渡部恒雄就在一次座谈中判断称，"长期看，除非发生足以改变'旧金山体制'的重大事件，今后日美不会就历史认识问题再生事端"①。至少到2024年的现下，渡部恒雄的判断仍然成立。2024年，时任日本首相的岸田文雄访问美国并在美国国会发表演讲，其讲稿中无一字提及日本的战争责任及反省、歉意。美国众议院曾在2007年通过决议，要求日本政府就"慰安妇"问题谢罪；2013年，具有官方背景的美国国会研究部在安倍访美前夕出台的一份报告称安倍持"修正主义历史观"，是"强硬的民族主义者"，忧心安倍及其内阁的争议言行影响美国的地区利益，显示出美国国会对日本历史认识问题的关心。② 但十余年后，日本首相在美国国会的演讲已无提及历史问题的必要，依然可赢得两院议员的热烈掌声。日美间围绕太平洋战争史的历史纠葛在安倍和奥巴马之下，实现了历史性的"和解"，或至少在事实上达成了阶段性的搁置。

安倍政权在历史问题上的策略甚至在韩国，争取到了韩保守势力为其盟友。2022年，韩国保守派的尹锡悦政权成立，其后便迅速着手修复韩日关系，主动抛弃阻碍两国关系发展的历史障碍。2023年3月，韩国政府正式公布强征劳工诉讼纠纷的"第三方代偿"方案，提出由韩国政府旗下新成立的财团，以韩企提供的资金为财源，代强征劳工诉讼中的被告日企支付韩国法院判定的赔偿款。从而在韩日政府间为解决强征劳工诉讼这一当前日韩间最大的历史悬案画下休止符。两国关系在此后飞速发展，不仅一般性的军

---

① 川島真、西野純也、渡部恒雄、細谷雄一、「［座談会］東アジアの歴史認識と国際関係——安倍談話を振り返って」、東京財団サイト、https：//www.tkfd.or.jp/research/detail.php? id = 1445。
② 「米国が頭を悩ます、安倍政権の取り扱い方　歴史認識発言が、米中韓にもたらした波紋」、『東洋経済』2013年7月11日。

事、经济、官民交流关系全面恢复，更迅速向战略合作升级。美国总统拜登称赞日韩两国关系"翻开突破性的新篇章"。[①] 与此同时，历史认识问题几乎从日韩政府间关系中消失。虽然在强征劳工诉讼解决方案出台之初，尹锡悦政府也曾象征性地表示将要求日本政府必须尽可能最大限度地对过去表达道歉和反省，但对此，日本岸田政权仅是又一次声明继承历代政府的相关立场，与安倍政权如出一辙。虽然日方的表态仍世人皆知地缺乏反省与道歉诚意，连旨在配合韩国政府、安抚韩方民族情绪的象征性举动也一切均无，但尹锡悦政府依然从此就强征劳工纠纷偃旗息鼓，如同与日本就此问题达成了"最终且不可逆"的解决。2024年度的日本《外交蓝皮书》公然将日韩间产生强征劳工诉讼纠纷的责任完全归咎于韩国，而韩国政府对此则全无反应。

　　这些前所未有的情况证明安倍政权的"战后外交总决算"客观上发挥了一定作用。而随着国际秩序重构的趋势继续发展，安倍及其身后的日本外交在意识形态领域用价值观"置换"历史问题的动向越发显著，加速摆脱第二次世界大战所谓"固化的胜负关系"给战后日本在道义上带来的负资产，将意识形态领域国际斗争的基础逻辑切换至东西方价值对立这一自认本国优势更加明显的赛道。

（九）塑造对己有利的国际秩序：有重要突破

　　安倍外交战略的提出与实践，将日本对外战略的视野一举从周边地区拓宽至印太两洋区域乃至全球层面，与中国的共建"一带一路"倡议形成制衡。随着战略向印太地区内外辐射，充实搭建相应的体制机制，不断深挖内容，尤其是获得以美国为首的国际社

[①] 《日韩关系"新篇章"？韩国提出代偿二战强征劳工日媒称尹锡悦或将访日》，《环球时报》2023年3月7日。

会主要行为体的承认和推动，日本的政治影响力得到相应提高，并作为战略首倡者获得更多国际话语权，从而在未来国际格局的形成中抢占战略高地。日本学者细谷雄一在 1 篇评论中不无赞许地认为，"自由、开放的印太战略"显示出日本作为领导引领并塑造国际秩序的能力。①

（十）总括

经逐项评估可发现，安倍政权的"摆脱战后体制"不仅在全部单项任务中均有作为，并且均取得了一定的预期效果。其中，最具争议的是涉及"日本对美独立性"的任务三。批评意见主要质疑路线试图在维持"旧金山体制"以日美关系为基轴的大前提之下，对体制进行改良的逻辑合理性。同为国家主义者的鸠山一郎和岸信介之间的分歧正在于此。② 毫无疑问，安倍政权任内日美关系的紧密程度大为增加。日本更加积极主动地强化对美绑定，在国际问题上加强对美协调。日美关系的密切程度甚至影响了日本在"印太战略"等问题上对东盟的外交说服，令极欲避免卷入中美之争的东盟难以将日本视为中立的"第三方"。不仅如此，美国在 2017 年初退出《跨太平洋经济伙伴关系协定》、美朝关系在 2017—2018 年前后发生的急剧变化等，都曾令日本对外政策突然陷入被动，暴露出其过于倚重美国的脆弱性。有政权的反对者据此认为，这些状况说明了安倍主张的同盟内平等毫无踪迹可寻。③ 但事实上，"摆脱战后体制"路线对此并非全无思考，尤其对于过度

---

① 「［安倍政権を振り返る］外交　国際秩序形成へ示したビジョン」、『産経新聞』2020 年 8 月 30 日。

② 鳩山友紀夫、『脱大日本主義：「成熟の時代」の国のかたち』、平凡社 2017 年版、第 26—29 頁。

③ 「（考　最長政権：3）対等な日米関係、姿見えぬまま」、『朝日新聞』2020 年 9 月 1 日。

与美国捆绑中潜藏的风险并非毫无认知。即使是从不掩饰自身亲美立场的冈崎久彦也曾坦率地承认美国作为霸权主义国家在处置国际事务中的无理与残酷。但该路线同时亦认为"只有这样的美国可供选择",① 并且跟随美国带来的收益仍显著大于其风险。前一判断显然体现了"旧金山体制"对日本对外战略的限制,后一判断则反映了包括美国是冷战结束以来唯一霸权国家的国际政治现实。换言之,对于"摆脱战后体制"路线而言,彻底抛弃日美同盟关系的时机尚未来临,类似举动也不符合这个时代的日本国家利益。特朗普冲击并未显著超出路线对美国作为霸权国家的预期。相反,通过在此次美国内部分裂中展现日本内外政治的稳定性和日美战略利益的一致性,安倍政权同时赢得了美国建制派及其挑战者双方对日更多的信赖,实质上亦是增加了美国在同盟框架内对日本行动自由的"授信"或"容许"。表现之一正是自安倍政权之后,似再无人在公开场合提及日美同盟对于约束日本军国主义势力的"瓶盖说",与之相反的"日美同盟合谋说"则相应上升。② 因此,即使"摆脱战后体制"路线的同盟政策未从根本上动摇"旧金山体制",至少与岸政权一样扩大了日本在该体制下的自主性。况且借由同盟政策调整,日本还在"集体自卫权"等问题上为本国军力发展解除了重要法律限制,增强了自主防卫能力,实际上扩大了在国际事务中获得行动自由的前提。综合来看,至少应承认"摆脱战后体制"路线的确在现有的国际政治现实下,朝着"扩大日本自主性"方向对"旧金山体制"造成了程度性的影响。

综上所述,"摆脱战后体制"路线实践结果之丰富、体量之庞大再次印证了其是一项关系到战后日本国家走向的综合性路线或方

---

① 冈崎久彦、『真の保守とは何か』、PHP研究所2010年版、第141页。
② 猿田佐世、「アメリカの知日派はなぜ『対等な日米同盟』を提言したのか 『第五次アーミテージ・ナイ報告書』をめぐって」、https://www.nd-initiative.org/research/9146/。

「结 论」

略，具备强烈的现实意味。在路线划定的范围之内，日本战后体制受到了广泛而深入的冲击，其烈度达到了"反战后"运动以来前所未有的新高度。自战后民主化改革以来，日本的体制亦即其统治秩序至少部分地再次发生了堪称"革命"①的转变。日本国家正逐渐显现出战后未有的崭新面貌。

二、战后日本国家发展路线再度"换轨"

（一）"安倍路线"逐渐生根固化

第二次安倍政权显示出了巨大的政治能量，在长达7年零8个月位居战后第一的执政时长中，以前所未有的程度牢牢把握了日本国家大权。在此期间，政权秉持的"摆脱战后体制"路线成为日本政坛的主流路线。

安倍本人积极寻求这一政治路线长期化。2020年第二次卸任首相一职之后，安倍旋即出任自民党最大派阀——清和会的派阀领袖，重启其担任会长的自民党保守系议员联盟"创生日本"，凭借其日本政坛的"保守共主"和自民党首席长老的强势地位，极力确保其任内的政策方向得到延续，实现"非安倍的安倍政治"，丝毫不吝为此向继任自民党总裁施压。2020年接替安倍的菅政权从一开始就强调，将在经济财政、外交安保等各方面继承"安倍路线"。2021年总裁选举中，安倍又借助派阀运作，帮助其属意的同时也是较"听话"的岸田文雄上位，压制了试图凭借高人气挑战"长老政治"的河野太郎，同时打击了试图依靠与河野联盟东山再起的石破茂。凭此一点，安倍及其领衔的政治势力从岸田政权起步

---

① 佐伯启思、「保守の矛盾を体現した政治家」、『中央公論』2022年9月号、第34頁。

— 203 —

伊始就在其政策和人事安排各方面占尽先机。与此同时，安倍个人的存在感亦丝毫不容忽视，不仅在宪法、安保、外交、经济等各领域向岸田内阁"提出要求"，还屡屡发表"防卫费用应该升至国内生产总值的2%"①"台湾有事就是日本有事"② 等"出格"言论，利用本人在保守阵营中的号召力，牵引政治议程，向岸田文雄施压。虽然在2022年7月，来自刺客的数声枪响致其意外殒命，但安倍的政治影响力仍得以延续。截至目前，日本政坛暂未出现在统治力上可与安倍比肩的新政治领袖，毋论提出足以对"安倍路线"进行再颠覆的新政治路线。

与此同时，日本社会中支撑"摆脱战后体制"路线的有利因素也有增加。譬如，随着世代更替，战后出生人数在日本总人口占比上升。2014年后，该比例已超八成。③ 这一人口结构的变化具有深远的影响。它意味着日本社会与第二次世界大战相关的集体记忆已然从直接变为间接，从具体转向抽象，并无可避免地指向最终消退；更意味着作为日本战后"原点"的反战厌战意识恐已趋于模糊。战后体制"和平主义"原则赖以产生并得以扎根日本社会的基础已大不如前，诸如源于"本国挑起战争的痛悔心理"的历史进步主义等也都发生相应的减退。这恐怕也是安倍在"战后70周年首相谈话"中提出的"不再让与战争毫无关系的子孙后代担负起继续道歉的宿命"能得到过半日本民众共鸣的根本原因。与此同时，近年来日本政治实践及相关民调亦表明，日本民众对于本国政治力量提高国家间关系的对抗性，发展本国包括进攻性武力在内

---

① 「安倍氏、防衛費2％への引き上げ主張」、『日本経済新聞』2022年4月14日。
② 「『台湾有事は日本有事』安倍元首相が台湾のシンポでオンライン講演」、『朝日新聞』2021年12月1日。
③ 「戦後生まれ8割　戦争の記憶、令和に語り継ぐ」、『日本経済新聞』2020年8月15日。

的军事力量的反感降低，容忍性升高。多重因素叠加之下，即使已经没有了来自安倍的直接压力，依然可以看到岸田政权在主要政策方向上仍遵循着"安倍路线"，加速"摆脱战后体制"。

（二）"吉田路线"被抛弃

安倍晋三的"摆脱战后体制"路线是战后重要保守政治家、国家主义者岸信介所代表的"岸路线"在新时期的延续。"岸路线"直接脱胎于20世纪50年代占领结束初期日本政坛涌动的"反吉田"潮流，代表着与"吉田路线"迥异的国家发展思考，并在其后的数十年间作为"吉田路线"的对照路线暗伏于日本保守政治之中，屈居于"保守旁流"地位。"吉田路线"则是毋庸置疑的"保守主流"，同时也是战后日本政治的主流。战后七十多年以来，日本国家的发展遵循的是"吉田路线"为其划定的路径。换言之，"吉田路线"正是日本战后体制背后的总逻辑。然而，长期受主流政治压制的"岸路线"亦未断绝，而是通过各类旨在改变战后现状的反对活动，不时浮现于日本政治进程之中，并终于在21世纪初凭借内外有利条件，以安倍政权"摆脱战后体制"路线的名义实现了对"吉田路线"的反超。

作为"岸路线"的直接继承人，战后以来"反战后"的集大成者，"摆脱战后体制"在路线的多项基本主张上与"吉田路线"截然相反。相较于"吉田路线"的"重经济、轻军备"、尊重（现行）宪法、官僚治国、承认第二次世界大战是基本国策失误、在对外关系中排除扩张主义和大国主义，将百姓生活水平的提高和社会整体的发展作为国家发展的主要目标，亦即重视富民；"摆脱战后体制"路线认为军力发展比经济发展更重要（至少是同等重要），强调国家主权、国力提升、自主制宪、政治家主导、政治大国化，以"成王败寇"的视角解读第二次世界大战结果，将国家内外权力的扩大本身作为国家发展的主要目标，亦即重视"强国"。固然，正如其"摆脱战后体制"路线的初始名称"从战后体制起航"所显示的一样，该路线在 21 世纪初的最终"上位"离不开战后以来日本在"吉田路线"下取得的国家发展成就。岸信介、安倍等人亦曾偶尔淡化"保守旁流"与吉田茂之间的政见分歧。①但这些都无法掩盖上述两条路线之间巨大的差异性。

战后日本政治主流从"吉田路线"切换至"摆脱战后体制"路线，亦即"安倍路线"，意味着战后日本国家发展模式出现根本性转变。

（三）政治主流发生转移

与此同时，日本政治主流亦从保守阵营内的"吉田派"转向"岸派"，亦即近年的"安倍派"。② 2022 年 5 月，已经成为安倍派的清和会在东京都举办政治集会，共有 2800 人到场，以至于时任自民党干事长的茂木敏充发出了"宛如党大会"的感慨。③ 尽管安倍本人于 2022 年 7 月突然遇刺身殒给清和会本身的走向罩上一层阴影，但就全党而言，早在第二次安倍政权时期，各派阀围绕政治路线的分歧早已趋于模糊，实现了向"安倍路线"的统一。这种党内的"总主流派阀化"在安倍身后，乃至于作为"安倍派"实体的清和会解散后亦无明显变化。换言之，战后沿用至今的所谓"保守主流/保守旁流"的内涵已发生了翻天覆地的变化。原战后体制下执行"岸路线"的"保守旁流"才是当前日本保守政治的主流，亦即日本政治主流。

---

① 譬如岸信介主张吉田茂实为修宪派。
② 安倍于 2022 年遇刺身亡后，其率领的派阀——清和会暂由盐谷立为首的"7 人小组"集体领导，但保留了"安倍派"的称号。2024 年，因自民党"宴会券"回扣丑闻事发，时任自民党总裁的岸田文雄下令整肃党纪，要求解散派阀。"安倍派"因卷入丑闻的议员最多而成为整肃重点，于当年 2 月 1 日结束最后的总大会后宣布停止活动。
③ 「安倍元首相が政権へ影響力維持、派閥パーティーに2800人…茂木氏『まるで党大会』」、『読売新聞』2022 年 5 月 18 日。

余论　日本国家转型带来地缘挑战

打破战后现状，"摆脱战后体制"仅仅是"摆脱战后体制"路线的第一步。正如本书第一章所分析，在安倍的描绘中，路线最终将指向其本人的理想国家图景——一个洋溢着日本独有风貌的强大国家，但这一描述依然缺乏诸多重要细节，譬如，这一全新的日本将如何处理其与外部世界的关系。安倍及路线本身的国家主义性质虽然提供了一些线索，但远未消除全部疑问。路线的意识形态相关部分显示其执行者，同时也是当前日本的主流政治势力似乎拒绝就战前导致日本滑向极端国家主义的政治运作模式、思维方式等进行彻底的反思和清算。而因为安倍意外身亡，当前的日本政治俨然失去了其唯一的强有力的主导力量。对于日本政治的演进而言，这一力量在近十余年中，发挥了驱动力和控制力的双重功能。其消逝将不可避免地增大外界对于日本政治失控的担忧，并自然地联想到类似战前无责任体制是否将再度重演。这无疑将令在路线指引下重新走上国家主义道路，不再掩饰其对扩大国家权力渴求的日本变得更加危险。

原战后体制下对于防范日本国家野心过度膨胀而发挥制衡作用的机制尽管大为弱化，但并未完全失能。目前有望发挥类似作用并且值得列举的如下：在野党等自民党外部政治势力、迄今为止尚未明显转向国家主义的日本天皇、自由主义势力、尚未进行最终决断的广大日本民意以及美国等外部因素。在 2022 年底《国家安全保障战略》的修订中，正是执政联盟中公明党的阻拦，战略的最终版本将对华定位为"最大挑战"而非"威胁"。①但这可能也是公明党制衡的极限。日本学者五百旗头真在回顾战后体制形成的过程时认为，真正决定日本国家存续和发展道路的实为内外两大因素：其内部因素指的是民意，其外部因素指的是日本国所处的国际环境。②上文已分析过，日本此次国家发展道路的转向同样也是在这两大因素同时发生变化的条件下发生的。但这两大因素将容忍日本国家转型到何种程度依然留有疑问。新潟大学国际关系学教授张云即认为，内阁府民调等显示战后以来日本社会的和平主义思维难以在短时间内被完全突破；美国也依然通过"管理日美同盟"的框架审视日本的军力发展。③

除此之外，诸如在大幅增加军费开支等具体问题上，日本的国家主义路线还面临一些现实障碍。根据 2022 年版《防卫力量整备计划》，日本将把 2023—2027 财年军费开支增至 43 万亿日元。这一巨额开支的来源是新计划必须解决的首要问题。与主张发行"防卫国债"来筹措资金的安倍不同，岸田政府以"避免增加后世负担"为由倾向于国防增税。安倍故后，其国债方案则为原安倍派政治势力所继承。然而近期民调显示，尽管加大军事投入、增加军费开支取得了近半数民众支持，但大部分民众对于为此承担额外的经济成本仍然迟疑。④多数受访民众既反对发债，也反对增税。

---

① 「公明党、中国『脅威』認識に難色　防衛 3 文書改定で」、『日本経済新聞』2022 年 12 月 15 日。

② 五百旗頭真、『日米戦争と戦後日本』、講談社 2005 年版、第 233—234 頁。

③ 张云：《日本观察｜新国家安保战略与日本安全政策的走向》，"走出去智库"官方账号，https://baijiahao.baidu.com/s?id=1753514894343431517&wfr=spider&for=pc。

④ 「防衛費増額『GDP 比 2% 以上』賛成 55%、反対 33%」、『日本経済新聞』2022 年 4 月 25 日。「防衛費増財源『他予算の削減』34%　国債 15%、増税 9%」、『日本経済新聞』2022 年 10 月 31 日。

在疫情之下经济衰退、能源短缺、物价飞涨等造成的生活成本上升尚未得到妥善解决的当下尤其如此。不解决财源问题，日本野心勃勃的"新安保计划"恐沦为一纸空文。

参考文献

（一）中文著作

1. 赫赤等:《战后日本政治》,航空工业出版社1988年版。

2. 梁启超,范忠信选编:《梁启超法学文集》,中国政法大学出版社2000年版。

3. 孙立祥:《战后日本右翼势力研究》,中国青年出版社2013年版。

4. 习近平:《高举中国特色社会主义伟大旗帜　为全面建设社会主义现代化国家而团结奋斗——在中国共产党第二十次全国代表大会上的报告》,党建读物出版社2022年版。

5. 金炳华主编:《马克思主义哲学大辞典》,上海辞书出版社2003年版。

6. 臧佩红:《日本近现代教育史》,世界知识出版社2010年版。

7. 张勇:《摆脱战败：日本外交战略转型的国内政治根源》,社会科学文献出版社2020年版。

8. 赵立新:《日本修宪：历史、现状与未来》,知识产权出版社2019年版。

9. 中国社会科学院日本所:《日本研究报告（2019）　国际大变局：日本的选择与应对》,社会科学文献出版社2019年版。

10. 中国现代国际关系研究院:《国际战略与安全形势评估

2019—2020》，时事出版社 2020 年版。

（二）中文译著

1. ［韩］文正仁、徐承元著，李春福、李成日译：《日本复兴大战略：与日本高层战略家的深层对话》，社会科学文献出版社 2017 年版。

2. ［荷］卡瑞尔·范·沃尔夫伦著，任颂华译：《日本权力结构之谜》，中信出版社 2020 年版。

3. ［美］理查德·J. 塞缪尔斯著，刘铁娃译：《日本大战略与东亚的未来》，上海人民出版社 2010 年版。

4. ［美］迈克尔·格林著，谭天译：《安倍晋三大战略》，八旗文化 2022 年版。

5. ［美］桥本明子著，李鹏程译：《漫长的战败：日本的文化创伤、记忆与认同》，上海三联书店 2019 年版。

6. ［美］约翰·W. 道尔著，胡博译：《拥抱战败：第二次世界大战后的日本》，生活·读书·新知三联书店 2015 年版。

7. ［日］岸信介著，周斌译：《官场政界六十年——岸信介回忆录》，商务印书馆 1981 年版。

8. ［日］吉田茂著，袁雅琼译：《激荡的百年史》，上海人民出版社 2018 年版。

9. ［日］吉田茂著，袁雅琼译：《世界和日本》，上海人民出版社 2020 年版。

10. ［日］丸山真男著，陈力卫译：《现代政治的思想与行动》，商务印书馆 2018 年版。

11. ［日］中曾根康弘著，金苏城、张和平译：《新的保守理论》，世界知识出版社 1984 年版。

（三）中文学位论文

1. 陈阵：《战后日本修宪运动研究》，东北师范大学博士学位论文，2019年。

2. 侯隽：《安倍政权对外战略研究》，外交学院博士学位论文，2018年。

3. 孙岩帝：《日本新保守主义研究——以中曾根康弘、小泽一郎、安倍晋三为中心》，吉林大学博士学位论文，2018年。

4. 张育侨：《安倍二次执政后的日本安全保障战略研究——以权力转移理论为视角》，吉林大学博士学位论文，2020年。

（四）中文期刊论文

1. 蔡亮：《日本对华政策中的政治思潮及其本质》，《转型期日本的对华认知与对华政策》，中华书局2017年版。

2. 陈梦莉：《安倍"战后外交总决算"理念的提出、动因及挑战》，《日本研究》2019年第2期。

3. 崔世广：《试析战后日本围绕"战后体制"的斗争》，《日本研究》2015年第4期。

4. 李秀石：《安倍政府"战败束缚总清算"：法制保障与战略重构》，《日本学刊》2020年第3期。

5. 刘建平：《东亚的"脱战后"与中日交流的转型》，《日本学刊》2014年第3期。

6. 吕耀东：《安倍"战后外交总决算"的思路及其困境》，《国际问题研究》2020年第4期。

7. 吕耀东：《21世纪以来日本基于国家利益的对外战略定位》，《军事文摘》2019年第1期。

8. 田庆立、殷子帝：《战后日本国家认同建构的社会基础、核心理念与美国因素》，《中央社会主义学院学报》2020年第2期。

9. 王珊、孙政：《战后日本国家主义分析——以安倍版国家主义为中心》，《日本学刊》2016 年第 6 期。

10. 王珊：《安倍的国家主义及其政策实践》，《现代国际关系》2016 年第 12 期。

11. 王珊：《试评析安倍政权"摆脱战后体制"的外交举措》，《现代国际关系》2013 年第 9 期。

12. 王方、吕耀东：《日本"紧急事态条款"入宪论争及其实质研判》，《东北亚学刊》2023 年第 1 期。

13. 吴明上：《第二次安倍政权长期稳定执政之研究 以非民意支持导向的政策为焦点》，《政治科学论丛》2022 年 3 月号。

14. 郗润昌：《浅析美日欧三极结构和世界多极化趋势》，《现代国际关系》1991 年第 1 期。

15. 朱海燕、刘凤华：《日本"正常国家化"及其影响》，《国际论坛》2013 年第 5 期。

16. 朱海燕：《安倍"摆脱战后体制"的外交战略》，《国际论坛》2014 年第 5 期。

17. 朱海燕：《日本安保政策的新发展与影响》，《国际问题研究》2018 年第 1 期。

18. 朱海燕：《试论日本"战后体制"的构造（1945—1952）》，《史学月刊》2015 年第 7 期。

（五）中文网络文献

1. 《安倍晋三内阁总理大臣谈话》，日本驻华大使馆官网，https：//www.cn.emb-japan.go.jp/itpr_zh/bunken_2015danwa.html。

2. 《驻日本使馆发言人就日本政府发布安保战略三文件涉华消极内容发表谈话》，中国新闻网，2022 年 12 月 16 日，https：//baijiahao.baidu.com/s？id=1752373802435657591&wfr=spider&for=pc。

3. 吕耀东：《"安倍谈话"后日本内政外交走向评析》，人民网，http：//theory. people. com. cn/n/2015/0922/c40531 - 27618334. html。

4. 日本国驻华大使馆网站：《日本国宪法》，https：//www. cn. emb - japan. go. jp/itpr_zh/kenpozh. html。

5. 张云：《日本观察丨新国家安保战略与日本安全政策的走向》，"走出去智库"官方账号，https：//baijiahao. baidu. com/s? id = 1753514894343631517&wfr = spider&for = pc。

（六）日文著作

1. PHP 研究所編集『安倍晋三対策論集　日本を語る』、PHP 研究所 2006 年版。

2. 安倍晋三、『安倍晋三回顧録』、中央公論新社 2023 年版。

3. 安倍晋三、『軌跡　安倍晋三語録』、海竜社 2013 年版。

4. 安倍晋三、『日本の決意』、新潮社 2014 年版。

5. 安倍晋三、『新しい国へ　美しい国へ完全版』、文春新書 2013 年版。

6. 安倍晋三、岡崎久彦、『この国を守る決意』、扶桑社 2004 年版。

7. 安井浩一郎、『吉田茂と岸信介　自民党・保守二大潮流の系譜』、岩波書店 2016 年版。

8. 岸信介著、原彬久編、『岸信介証言録』、中央公論新社 2014 年版。

9. 白井聡、『永続敗戦論　戦後日本の核心』、講談社 2016 年版。

10. 白井聡、進藤榮一、『「日米基軸」幻想』、詩想社 2018 年版。

11. 北岡伸一、『「普通の国」へ』、中央公論新社 2000 年版。

12. 本澤二郎、『小沢一郎・日本改造計画の危険性』、エール出版社 1993 年版。

  13. 朝日新聞取材班、『自壊する官邸　「一強」の落とし穴』、朝日新書 2021 年版。

  14. 川口暁弘、『ふたつの憲法と日本人：戦前・戦後の憲法観』、吉川弘文館 2017 年版。

  15. 村山富市、山田朗、藤田高景編、『検証　安倍談話戦後～戦後七〇年　村山談話の歴史的意義～』、明石書店 2015 年版。

  16. 大日向一郎、『岸政権一二四一日』、行政問題研究所 1985 年版。

  17. 荻野富士夫、『よみがえる戦時体制　治安体制の歴史と現在』、集英社 2018 年版。

  18. 渡部昇一、『取り戻せ、日本を　安倍晋三・私論』、PHP 研究所 2013 年版。

  19. 渡辺治、岡田知弘、後藤道夫、二宮厚美、『〈大国〉への執念　安倍政権と日本の危機』、大月書店 2014 年版。

  20. 防衛庁、『日本の防衛昭和 45（1970）年版』。

  21. 服部龍二、『中曽根康弘　大統領的首相の軌跡』、中公新書 2015 年版。

  22. 岡崎久彦、『この国を守るための外交戦略』、PHP 新書 2007 年版。

  23. 岡崎久彦、『国際情勢判断・半世紀』、扶桑社 2015 年版。

  24. 岡崎久彦、『真の保守とは何か』、PHP 研究所 2010 年版。

  25. 国内情勢研究会編、『検証自民党　憲法改正草案』、ゴマブックス株式会社 2016 年版。

  26. 兼原信克、『戦略外交原論』、日本経済新聞出版社 2011 年版。

  27. 鳩山友紀夫、『脱大日本主義：「成熟の時代」の国のかたち』、平凡社 2017 年版。

28. 麻生太郎、『自由と繁栄の弧』、幻冬舎 2008 年版。

29. 内務省警保局編、『国家主義運動の概要』、原書房 1974 年版。

30. 斉藤栄三郎、『宰相中曽根康弘の思想と行動』、日経通信社 1983 年版。

31. 日本再建イニシアティブ、『「戦後保守」は終わったのか 自民党政治の危機』、角川新書 2015 年版。

32. 山口二郎、『ポスト戦後政治への対抗軸』、岩波書店 2007 年版。

33. 柿崎明二、『検証安倍イズム――胎動する新国家主義』、岩波書店 2015 年版。

34. 司法省刑事局編、『国家主義団体の理論と政策』、東洋文化社 1971 年版。

35. 臺宏士、『検証アベノメディア 安倍政権のマスコミ支配』、緑風出版社 2017 年版。

36. 田中秀征、『自民党本流と保守本流保守二党ふたたび』、講談社 2018 年版。

37. 五百旗頭真、『日米戦争と戦後日本』、講談社 2005 年版。

38. 小宮修太郎、『脱「戦後日本」のナショナリズム』、第三書館 2016 年版。

39. 小沢一郎、『日本改造計画』、講談社 1993 年版。

40. 岩田清文、武居智久、尾上定正、兼原信克、『君たち、中国に勝てるのか 自衛隊最高幹部が語る日米同盟 VS. 中国』、産経新聞出版社 2023 年版。

41. 宇野重規、『保守主義とは何か 反フランス革命から現代日本まで』、中央新書 2016 年版。

42. 中西輝政、『救国の政治家 亡国の政治家』、飛鳥新社

2014 年版。

43. 中野晃一、『戦後日本の国家保守主義——内務・自治官僚の軌跡』、岩波書店 2013 年版。

44. 週刊金曜日編集部、『週刊金曜日　特集：「反日」と歴史歪曲主義』、2015 年 1 月 23 日第 1024 号。

45. 佐伯啓思『国家についての考察』、飛鳥社 2001 年版。

（七）日文杂志及期刊论文

1. トバイアス・ハリス、「安倍晋三は必ずしも人気のある指導者ではなかった」、『ニューズウィーク日本版』2022 年 10 月 4 日。

2. 安倍晋三、「『文藝春秋』新年特別号『100 年の100 人』より」、『文藝春秋 2022 年新年特別号』2022 年 1 月 1 日。

3. 安倍晋三、桜井よしこ、「全文を書き直す気概を持つべし」、『諸君！』2005 年第 6 号。

4. 安倍晋三、田中明彦、「特別インタビュー安倍外交七年八ヵ月を語る（完）官邸外交を支えた組織・人・言葉」、『外交』2021 年 Vol. 67。

5. 江崎道郎、「原点だった創生日本」、『正論』2020 年 11 月号。

6. 佐伯啓思、「保守の矛盾を体現した政治家」、『中央公論』2022 年 9 月号。

7. 初瀬龍平、「『戦後総決算』の一考察　中曽根時代とその後」、『京女法学』2011 年第 1 号。

8. 松村昌廣、「『無条件降伏』とハーグ陸戦法規　日本にドイツ式「基本法」制定は可能であったか」、『桃山法学』第 17 号。

9. 石橋湛山、「大日本主義の幻想」、『東洋経済新報』1921

年 8 月 13 日。

10. 曽我豪、「本誌『語録』に刻まれた功と罪」、『文芸春秋』2022 年 9 月号。

11. 倉橋耕平、「官製歴史修正主義　安倍政権の大願成就」、『世界』2023 年 8 月号。

12. 早瀬善彦、「レオ・シュトラウスのレジーム論——哲学と政治社会の関係についての考察」、京都大学大学院人間・環境学研究科出版の『人間・環境学・巻 21』、2012 年 12 月号。

13. 田原総一郎、「米国押し付けの洋服を脱ぐ時が来た」、『日本』2022 年 2 月号。

14. 東郷和彦、「安倍晋三の『戦後レジームからの脱却』文化と伝統の視点から」、『京都産業大学世界問題研究所紀要』2015 年 3 月号。

15. 南基正、「封印された歴史——韓国から見た安倍政治」、『世界』2023 年 8 月号。

16. 日本平和学会編、「平和のための安全保障を求め」、『アジアにおける人権と平和』、早稲田大学出版社、2009 年 11 月号。

17. 浜村彰、「安倍政権下の労働法制・雇用政策」、『大原社会問題研究所雑誌』2017 年 2 月号。

18. 福井厚、「戦後治安立法の系譜と共謀罪法案（上）」、『京女法学』2017 年 12 月号。

19. 保阪正康、「安倍首相空疎な天皇観」、『文藝春秋』2015 年 9 月号。

20. 堀尾輝久、「戦後レジームからの脱却と教育基本法改正」、東京大学大学院教育学研究科基礎教育学研究室『研究室紀要』2015 年 7 月号。

21. 李炯喆、「1980 年代以後の普通国家への道」、『長崎県立大学国際社会学部研究紀要』2020 年 5 月号。

22. 李炯喆、「岸信介の対外認識とアジア政策」、『長崎県立大学国際社会学部研究紀要』創刊号。

（八）日文网络文献

1. 安倍晋三、「第165回国会における所信表明演説」、首相官邸サイト、https：//warp.ndl.go.jp/info：ndljp/pid/244428/www.kantei.go.jp/jp/abespeech/2006/09/29syosin.html。

2. 安倍晋三、「平成31年1月4日 安倍内閣総理大臣年頭記者会見」、首相官邸サイト、https：//www.kantei.go.jp/jp/98_abe/statement/2019/0104kaiken.html。

3. 安倍晋三、『戦後レジームからの脱却』、http：//www.seiwaken.jp/forum/img/20100513_004.pdf。

4. 猿田佐世、「アメリカの知日派はなぜ『対等な日米同盟』を提言したのか『第五次アーミテージ・ナイ報告書』をめぐって」、https：//www.nd-initiative.org/research/9146/。

5. 宮城大蔵、「復帰50年-沖縄と本土の『戦後・冷戦後・ポスト冷戦後』」、サイトOKINO、https：//okiron.net/archives/2509/2。

6. 金子將史、「積極的平和主義の系譜」、PHPオンライ衆知サイト、https：//shuchi.php.co.jp/article/1823。

7. 君島東彦、「100の論点：21.安倍政権の基本政策として「積極的平和主義」という言葉をよく聞きますが、これは何なのでしょうか。」、日本平和学会サイト、https：//www.psaj.org/100points21/。

8. 自由民主党、「自民党の活動の礎である 立党宣言や綱領」、自由民主党サイト、https：//www.jimin.jp/aboutus/declaration/。

9. 自由民主党、「昭和39年12月1日～昭和47年7月5日

佐藤栄作総裁時代」、自由民主党サイト、https：//www.jimin.jp/aboutus/history/5.html。

10. 水島宏明、「テレビ報道の強みを封じた安倍自民『抗議文』『要望書』で音声も消えた」、朝日新聞サイト、https：//webronza.asahi.com/journalism/articles/2015100200009.html。

11. 千本秀樹、「戦後レジームからの攻勢的な脱却を　東京裁判史観と日本国憲法を越えて」、『現代の理論』2015年第4号、http：//gendainoriron.jp/vol.04/feature/f03.php。

12. 川島真、西野純也、渡部恒雄、細谷雄一、「［座談会］東アジアの歴史認識と国際関係――安倍談話を振り返って」、東京財団サイト、https：//www.tkfd.or.jp/research/detail.php？id=1445。

13. 内閣官房、『国家安全保障戦略（概要）』、内閣官房サイト、https：//www.cas.go.jp/jp/siryou/131217anzenhoshou/gaiyou.html。

14. 内閣官房「美しい国づくり」推進室、「『美しい日本の粋』の最終取りまとめについて～日本の"らしさ""ならでは"は一人ひとりの内面や日常の行動にある～」、https：//www.kantei.go.jp/be-nippon/archive/release_0921.pdf。

15. 日本外務省、「慰安婦問題についての我が国の取組」、外務省サイト、https：//www.mofa.go.jp/mofaj/a_o/rp/page25_001910.html。

16. 福原亨一、「『戦後レジーム』に敗れた安倍政権」、https：//www.esuj.gr.jp/jitow/232_index_detail.php。

17. 文部科学省、「教科書検定の改善等について」、文部科学省サイト、https：//www.mext.go.jp/a_menu/shotou/kyoukasho/gaiyou/04060901/1338839.htm。

18. 防衛省、『平成20年版防衛白書』、http：//www.clearing.

mod. go. jp/hakusho_data/2008/2008/index. html。

19. 林川眞善、「戦後 70 年、戦後レジームからの脱却を問う」、http：//j‐strategy. com/series/yh1/705。

20. 纐纈厚、「100の論点：47. シビリアン・コントロールは維持されるのでしょうか。」、日本平和学会サイト、https：//www. psaj. org/100points47/。

（九）英文著作

1. James Brown, GuibourgDelamotte and Robert Dujarric, "The Abe Legacy：How Japan Has Been Shaped by Abe Shinzo", Lexington Books, Nov. 17, 2021.

2. Tobias S. Harris, "The Iconoclast：Shinzo Abe and the New Japan", Hurst & Co. , Ltd. , Oct. 1, 2020.

（十）英文论文

1. Gavan McCormack, "Japan's Positive Pacifism：Issues of Historical Memory in Contemporary Foreign Policy", The Brown Journal of World Affairs, Vol. 20, No. 2, 2014.

2. GeraldL Curtis, "Japan's Cautious Hawks：Why Tokyo Is Unlikely to Pursue an Aggressive Foreign Policy", Foreign Affairs, Vol. 92, No. 2, 2013.

3. Hiroshi Nakanishi, "Reorienting Japan? Security Transformation Under the Second Abe Cabinet", Asian Perspective, Vol. 39, No. 3, 2015.

4. Kenneth B. Pyle, "Japan's Return to Great Power Politics：Abe's Restoration", Asia Policy, Vol. 13, No. 2, 2018.

5. Michael Auslin, "Japan's New RealismAbe Gets Tough", Foreign Affairs, Vol. 115, No. 5, 2016.

6. Michael J. Green, "Japan Is Back: Why Tokyo's New Assertiveness Is Good for Washington", Foreign Affairs, Vol. 86, No. 2, 2007.

7. NaokoKumada, "Theocracy VS constitutionalism In Japan: Constitional Amendment And The Return of Pre-war Shinto Nationlism", The RSIS Working Paper Series, No. 310.

8. Sebastian Maslow, "A Blueprint for a Strong Japan? Abe Shinzō and Japan's Evolving Security System", Asian Survey, Vol. 55, No. 4, 2015.

9. Shinzo Abe and Jonathan Tepperman, "Japan Is Back: A Conversation With Shinzo Abe", Foreign Affairs, Vol. 92, No. 4, 2013.

（十一）英文网络文献

Richard L. Armitage and Joseph S. Nye, "The U. S. -Japan Alliance in 2020 AN EQUAL ALLIANCE WITH A GLOBAL AGENDA", https://armitageinternational.com/wp-content/uploads/2021/01/120720_ArmitageNye_USJapanAlliance_Report.pdf.

图书在版编目（CIP）数据

"摆脱战后体制"：日本安倍晋三政权的路线及实践 / 赖婧颖著. -- 北京：时事出版社，2025.4.
ISBN 978-7-5195-0523-3

Ⅰ．D731.321

中国国家版本馆 CIP 数据核字第 2025QB0520 号

出 版 发 行：时事出版社
地　　　址：北京市海淀区彰化路 138 号西荣阁 B 座 G2 层
邮　　　编：100097
发 行 热 线：（010）88869831　88869832
传　　　真：（010）88869875
电 子 邮 箱：shishichubanshe@sina.com
印　　　刷：北京良义印刷科技有限公司

开本：787×1092　1/16　印张：14.75　字数：188 千字
2025 年 4 月第 1 版　2025 年 4 月第 1 次印刷
定价：125.00 元

（如有印装质量问题，请与本社发行部联系调换）